Andreas Franz

Grundkurs Graphologie

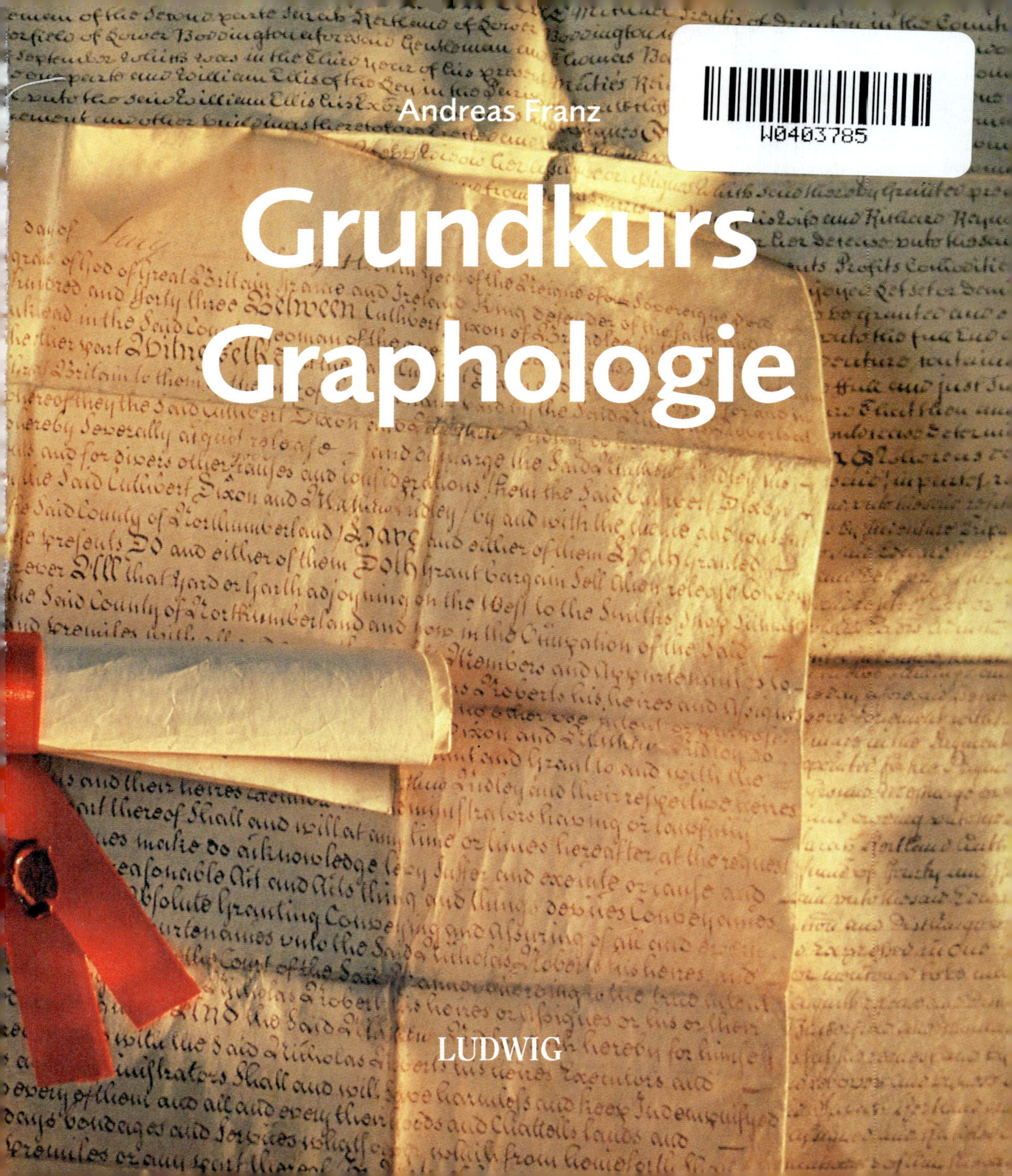

LUDWIG

Inhalt

Unbeschwerte Lebensfreude lässt sich bei vielen Menschen schon an ihrer Schrift erkennen.

Manche Kinder entscheiden sich schon früh, mit welcher Hand sie schreiben und zeichnen wollen.

Wissenschaftliches Arbeiten und analytisches Denken – die Schrift zeigt die Vorlieben eines jeden Menschen.

Vorwort

Graphologie ist kein esoterischer Humbug oder eine Grenzwissenschaft. Die Handschrift eines Menschen ist unverwechselbar, aber nicht unveränderlich. Die Zukunft eines jeden Einzelnen liegt in seiner Hand, aber nicht in seiner Handschrift.

Dieses Buch soll dem Interessierten einen Einblick in das weite Feld der Graphologie bieten. Es kann ihm zeigen, anhand welcher Schriftmerkmale ein Charakter und bestimmte Fähigkeiten und Talente erkannt und analysiert werden können und worin sich positive und negative Eigenschaften zeigen. Es ist ein Buch für Anfänger, eine Einführung für all jene, die sich für das umfangreiche Gebiet der Handschriftendeutung interessieren und viel von ihr erfahren wollen.

Sie werden lernen, einen dominanten Schreiber von einem unterwürfigen zu unterscheiden, einen großzügigen von einem geizigen, einen vitalen von einem phlegmatischen ... Sie werden anhand von Schriftbeispielen und Erklärungen lernen, nicht nur intuitiv etwas über einen Schrifteigner zu sagen, sondern auch recht genau Wesensmerkmale und Fähigkeiten aufgrund bestimmter Zeichen und Formen herauszufinden. Da bei einer schriftlichen Einführung in die Graphologie ein bestimmter Anteil an Typologisierung einfließen muss, mögen einzelne Aussagen über bestimmte aus der Schrift abzulesende Charaktereigenschaften eventuell überspitzt anmuten. Im Rahmen eines solchen Buches ist diese überzeichnende Beschreibung jedoch unumgänglich, da die Übertreibung der Deutlichkeit dient. Bedenken Sie aber immer, dass ein einzelnes Merkmal, sei es positiver oder negativer Natur, nur im Gesamtkontext gedeutet werden kann.

Wer »Kopf« und »Bauch« gleichermaßen einsetzt, wird Erfolg haben. Dieses Buch wird Ihnen mittels deutlicher Beispiele helfen, die ersten Schritte zu eigener graphologischer Tätigkeit zu machen.

Ein Vorurteil möchte ich jedoch von Anfang an ausräumen: Graphologie hat nichts mit Esoterik zu tun wie etwa die Astrologie oder die Numerologie. Die Graphologie ist eine unbestrittene Wissenschaft und eine von vielen Unternehmen in Anspruch genommene Hilfe bei der Auswahl von Stellenbewerbern. (Wenn ein handschriftlicher Lebenslauf gefordert wird, ist davon auszugehen, dass ein Graphologe zurate gezogen wird.)

Speziell in Frankreich, dem Mutterland der neuzeitlichen Schriftanalyse, besitzt die Graphologie einen hohen Stellenwert. In kaum einem anderen Land ziehen mehr Arbeitgeber bei der Auswahl von Stellenbewerbern Graphologen zurate, und nirgendwo sonst wenden sich so viele Privatpersonen an Graphologen, um etwas über die eigene Persönlichkeit oder die anderer zu erfahren. Selbst bei der Dosierung von Psychopharmaka wird auf die Analyse der Patientenhandschrift zurückgegriffen.
Leider finden sich auch dort unter den so genannten Graphologen viele Scharlatane, die lediglich darauf aus sind, gutgläubigen Menschen das Geld aus der Tasche zu ziehen, wodurch der seriöse Berufsstand in Misskredit gebracht wird.
Erwähnenswert ist außerdem, dass ein großer Unterschied zwischen einem Graphologen und einem Schriftsachverständigen besteht. Während der Graphologe versucht, anhand eines Schriftbildes Talente, Fähigkeiten und Wesensmerkmale möglichst genau zu bestimmen (es gibt keine 100-prozentige Trefferquote!), werden Schriftsachverständige zum Großteil von der Polizei und Gerichten bemüht, um etwa zu sagen, ob eine Unterschrift echt oder gefälscht ist oder ein Testament tatsächlich vom Erblasser verfasst wurde etc.
Während der Graphologe eine Schrift sowohl intuitiv als auch kopfgesteuert erfasst, ist die Aufgabe des Schriftsachverständigen fast ausschließlich technischer Natur. Häufig wird eine Lupe benutzt, um festzustellen, ob bestimmte, oftmals nur winzige Details der echten Handschrift mit der fraglichen übereinstimmen oder nicht vorhanden sind. Die mögliche Fälschung wird zudem auf Details untersucht, die nicht dem eigentlichen Schrifteigner zugeordnet werden können.
Niemals jedoch wird die Graphologie in Gerichtsprozessen eingesetzt, um etwa Motive und Absichten von Klägern oder Angeklagten besser einschätzen zu können, da ein graphologisches Gutachten von einem Gericht nicht anerkannt wird.
Und auch wenn die Graphologie von vielen immer noch belächelt wird, so ist sie doch eine Wissenschaft, die erlernt werden muss, und manchmal dauert es Jahre, bis man sie beherrscht. Doch denken Sie daran – entscheidend ist die Zusammenarbeit von Intuition und Logik.

Nachdem in den vergangenen zwanzig Jahren graphologische Gutachten immer seltener von Unternehmen angefordert wurden, ist jetzt wieder ein steigender Trend zu beobachten. Auch Privatpersonen interessieren sich zunehmend dafür.

Was ist Graphologie?

Die Graphologie macht aufgrund der Handschrift Aussagen über die Persönlichkeit des Verfassers. In der Handschrift und durch sie - unabhängig von der inhaltlichen Aussage - setzt ein Mensch Zeichen und Formen, die seinen individuellen Charakter spiegeln. Hier nämlich kommt die ganze individuelle Körpersprache eines Menschen auf feinmotorischer Ebene zum Ausdruck, und die genaue Betrachtung der Strichführung vermag sehr exakt Auskunft über die seelische und geistige Beschaffenheit des betreffenden Schreibers zu geben. Mit Hilfe der Graphologie können aber nicht nur allgemeine Charaktermerkmale positiver wie negativer Natur erfasst, sondern auch Krankheitsanlagen oder bestimmte berufliche Fähigkeiten definiert werden.

Schon die alten Römer beschäftigten sich mit der Deutung von Handschriften. Wirkliche Anerkennung fand die Graphologie allerdings erst Mitte des 19. Jahrhunderts.

Kurze Geschichte der Graphologie

Erstmals erwähnt wurde die Graphologie vor etwa 2000 Jahren im alten Rom. Über die Jahrhunderte wurde sie immer wieder angewandt und dabei weiter verfeinert. Als der Begründer einer systematischen Graphologie gilt der französische Abbé J. H. Michon (1806–1881). Er untersuchte und ergründete unzählige Handschriften und stellte schließlich ein System von Einzelmerkmalen auf, denen er bestimmte Charaktereigenschaften zuordnete.

Dass die Graphologie zu einer ausgeprägten und wissenschaftlich fundierten Lehre wurde, verdankt sie dem deutschen Philosophen und Psychologen Ludwig Klages (1872–1956). Er begründete eine Charakterologie und Graphologie, die bis in die heutige Zeit Gültigkeit besitzt. Das Repertoire graphologischer Deutung und ihre Aussagekraft siedeln sich heute im Bereich der diagnostischen Psychologie an.

Die Handschrift spiegelt den Charakter

Die Fähigkeit, aufgrund der Handschrift Aussagen über die Persönlichkeit des Schreibenden zu machen, steckt mehr oder weniger ausgeprägt in jedem. Bestimmt ist es Ihnen auch schon passiert, dass Sie eine Handschrift sehen und auf Anhieb sagen können, ob der Schrifteigner allein aufgrund des Schriftbildes auf Sie einen sympathischen oder eher unsympathischen Eindruck macht, wobei dieses Urteil natürlich subjektiv ist. Sie halten ihn für intelligent oder siedeln ihn auf einem geistig eher niedrigen Niveau an. Vielleicht fällt Ihnen auf, dass die Schrift besonders zackig und winklig ist oder dass eher weiche, runde, »angenehme« Buchstabenformen und -verbindungen vorherrschen. Sie entdecken, dass die Schrift entweder extrem groß ist und der Schrifteigner nur vier oder fünf Wörter braucht, um eine Zeile auszufüllen, und nur acht oder zehn Zeilen für eine Seite; oder die Buchstaben sind sehr klein und eng geschrieben, Ränder kaum zu erkennen, manche Buchstaben ineinander verschlungen, oder sie reichen in die Buchstaben der nächsten Zeile hinein. Sie finden eine Schrift mit vielen Verschlingungen, seltsam geformten Frage- oder Ausrufezeichen, Kreisen statt Punkten, Haken statt Kommas. Die Zeilenführung ist stark ansteigend oder abfallend, die Ränder sind auf beiden Seiten gleich breit oder werden nach unten hin schmaler oder breiter.

Graphologie ohne Intuition ist praktisch unmöglich. Nur wer »Kopf« und »Bauch« gleichermaßen einsetzt, wird etwas über die Psyche und Physis des Schreibers erfahren.

Vielleicht sagen Sie intuitiv: Dieser Mensch ist bestimmt humorvoll, freundlich, loyal oder im Gegenteil unfreundlich, herrschsüchtig, stur, humorlos. Wie seine Körperhaltung, seine Sprechweise und Stimme, seine Gestik und Mimik, so »verraten« auch das Gesamtbild und besondere Merkmale seiner Handschrift, welche Charaktereigenschaften ein Mensch hat.

Möglichkeiten und Grenzen

Ein guter Graphologe kann etwas aus der Vergangenheit eines Schrifteigners lesen, z. B. traumatische Erlebnisse, die bis in die Jetztzeit reichen

und nie überwunden oder aufgearbeitet wurden. Er kann natürlich etwas über den augenblicklichen Zustand des Betreffenden sagen, über sein körperliches, geistiges, seelisches und emotionales Befinden, über seine Wesenszüge, seine Talente und Begabungen. Er kann aber nicht die Zukunft voraussagen! Ein Graphologe, der dies zu können behauptet, ist ein Scharlatan. Es sind allenfalls Tendenzen zu erkennen, die aber niemals in einem Schriftgutachten verwendet werden sollten.
Die Handschrift eines Menschen kann sich auch verändern. Aus einer unsicheren, nervösen Schrift beispielsweise kann im Laufe der Jahre – oftmals bedingt durch beruflichen oder privaten Erfolg oder durch die Überwindung einer Krankheit – eine feste, sichere, selbstbewusste Schrift werden oder umgekehrt. Bei eindeutigen Charaktereigenschaften, die sich in der Schrift eines Erwachsenen ablesen lassen, etwa Ehrlichkeit, Fleiß oder die Neigung zu Jähzorn, kann man jedoch davon ausgehen, dass sie sich auch in Zukunft nicht ändern werden.

Ebenfalls wichtige Voraussetzungen für einen Graphologen sind Intelligenz, Geduld, Beobachtungsgabe, Einfühlungs- und Kombinationsgabe, logisches Denken und psychologischer Spürsinn.

Eigenschaften des Graphologen

Wie jeder Wissenschaftler, der sich mit dem Menschen beschäftigt – mit seinen Seelenzuständen, mit seinem Wesen und Charakter und deren Ausdruck –, so bedarf auch der Graphologe bestimmter Eigenschaften. Hierzu gehörten zunächst ein ausgeprägtes Interesse an anderen Menschen, das Streben nach Selbsterkenntnis und Objektivität, das ihn vor der unreflektierten, subjektiven Wertung anderer schützt, und vor allem Verstand und ein gutes Maß an Intuition. Mit wachsender Erfahrung in der Beurteilung von Handschriften wird er jene Fähigkeiten immer gründlicher entwickeln, die ihn zu einem guten Graphologen machen.

Intuition

Graphologische Deutungen ohne die Gabe der Intuition sind ausgeschlossen! Bei der Graphologie geht es um das schnelle, intuitive Erfassen einer Schrift. Wir sehen eine Schrift vor uns und können auf Anhieb einiges über die Charaktereigenschaften des Schrifteigners aussagen. Wenn Sie sich jetzt entmutigt fühlen, sei darauf hingewiesen, dass Intuition schulbar ist. Sie ist jedem Menschen in die Wiege gelegt worden, bei manchen aber verkümmert oder schlichtweg »in Vergessenheit« geraten. Dennoch kennt jeder Mensch Situationen, in denen er etwas intuitiv erkannt oder intuitiv gehandelt hat. Manche bezeichnen Intuition auch als ihr Gefühl, das sie zu einer bestimmten Sache oder Angelegenheit haben. Für andere ist Intuition die Art, in der sie etwas nur »aus dem Bauch heraus« beurteilen. Für Dritte wiederum ist Intuition eine »höhere Intelligenz«, die dazu befähigt, etwas in plötzlicher, sicherer Gesamtschau zu verstehen. Für den Graphologen ist Intuition insofern wichtig, als jede Schrift individuell und von der Gesamtheit der geistig-seelischen Eigenschaften des Schreibenden geprägt ist. Wollte ein Graphologe eine Schrift ausschließlich mit logisch-analytischen Mitteln – mit dem Kopf – begreifen, würde seine Deutung einseitig ausfallen und dem Schrifteigner nicht gerecht werden. Ein guter Graphologe arbeitet mit beidem: mit logischem, analytischem Verstand und mit Intuition.

Jedem Menschen ist die Intuition in die Wiege gelegt worden. Stress, Hektik und Überforderung sind wahre Intuitionskiller. Meditation, autogenes Training etc. können helfen, die vermeintlich verloren gegangene Intuition wiederzuerlangen.

Wenn man den Alltagsstress von sich abfallen lässt und zu unbeschwerter Lebensfreude und Harmonie zurückfindet, können sich auch die Pforten zur Intuition wieder öffnen.

Die Grundlagen graphologischer Deutung

Aus der jahrhundertelangen empirischen Erfahrung in der Deutung von unzähligen Schriften haben sich in der Graphologie bestimmte Typologien und Deutungssysteme entwickelt, mit deren Hilfe aus dem Schriftbild ein wahrheitsgetreues Bild der Persönlichkeit abgelesen werden kann, wobei die Kunst aber in der korrekten Gesamtschau der ermittelten Details besteht. Das gesamte Schriftbild setzt sich nämlich aus vielen, zum Teil winzigen Details zusammen, die dem noch unkundigen Laien oft nichts sagen. Manche Graphologen nehmen sogar eine Lupe zur Hand, um bestimmte, mit dem bloßen Auge kaum sichtbare Zeichen gut erkennen und deuten zu können. Schriftbilder können wie Menschen Widersprüche in sich tragen. So werden etwa der Handschrift George Washingtons gleichzeitig Härte und Einfühlungsvermögen bescheinigt. Erst die Gesamtschau aller Details ergibt ein seriöses Gutachten, und dafür wiederum ist eine ausgeprägte Intuition notwendig. Bevor Graphologen eine Schrift analysieren, machen sie sich deshalb zunächst ein Bild vom Gesamteindruck. Wichtige Koordinaten sind dabei die Verteilung der Schrift innerhalb der drei Zonen (siehe Seite 14 ff.) und die Ausprägung dreier weiterer wichtiger Gestaltungsbereiche, nämlich des Formbildes, des Raumbildes und des Bewegungsbildes.

Ein einziges Schriftmerkmal wie etwa eine betonte Ober- oder Unterlänge lässt noch kein Urteil über das Wesen eines Menschen zu.

Das Formbild

Das Formbild, auch Formniveau genannt, setzt sich aus verschiedenen Schrifteigenschaften zusammen. Dazu gehören die Regelmäßigkeit oder Unregelmäßigkeit einer Schrift, ihre Bereicherung oder Vereinfachung und ihre Fülle oder Magerkeit. Außerdem rechnet man die Anfangs- und Endzüge, die Ober- und Unterlängen und schließlich die Unterschrift dazu. Wir sehen im Formbild, ob eine Schrift harmonisch oder zersplittert ist. Ludwig Klages fragte deshalb: »Wirkt sie tief oder flach, voll oder leer, reich oder arm, dicht oder dünn, warm oder kalt?«

Das Raumbild

Das Raumbild zeigt uns die Größe oder Kleinheit einer Schrift, ihre Weite oder Enge, die Schriftlage (rechtsschräg, steil, linksschräg), die Betonung der einzelnen Zonen, die Längenunterschiede, die Gestaltung der Ränder, Wort- und Zeilenabstände, die Gliederung und die Gesamtaufteilung.

Ludwig Klages, einer der Hauptbegründer der systematisch-wissenschaftlichen Graphologie, sagte: »Das Leben der Handschrift liegt in der Stärke der Form.«

Das Bewegungsbild

Das Bewegungsbild beinhaltet bestimmte Bewegungsformen wie Girlande, Arkade, Winkel oder Faden. Es zeigt den Grad der Verbundenheit, die Druckstärke oder Druckschwäche, die Schriftschärfe oder Teigigkeit, die Schreibgeschwindigkeit (ob langsam oder schnell) sowie den gesamten Schriftrhythmus.

Praktische Hinweise

Die einzelnen Merkmale des Form-, Raum- und Bewegungsbildes werden in den nachfolgenden Kapiteln detailliert behandelt. In ihnen wird ein Überblick über wichtige Schriftdetails gegeben, anhand deren der intuitiv begabte Interessierte sich Zutritt zum wahren Wesen eines Schreibers verschaffen kann. Aber zuvor sollen Ihnen noch einige Tipps dabei helfen, praktisch zu Werke zu gehen.

Eine neutrale Schriftprobe

Sollte jemand Sie darum bitten, eine Handschrift zu analysieren, so sollten Sie unbedingt darauf bestehen, dass die Schriftprobe auf einem blanken, unlinierten Blatt Papier geschrieben wird. Die Regelmäßigkeit oder Unregelmäßigkeit einer Schrift beispielsweise kann nur festgestellt werden, wenn die zu analysierende Handschrift nicht auf liniertem oder mit Linienblatt unterlegtem Papier geschrieben wurde. Am besten eignet

sich eine DIN-A4-Seite, die vollständig beschrieben und mit Datum und Unterschrift versehen ist.
Der Text sollte inhaltlich so neutral wie möglich sein. Der Schrifteigner sollte keine persönlichen Details von sich preisgeben, wodurch dem Graphologen ein manchmal beträchtlicher Teil an Neutralität genommen wird. Geeignet ist z. B. ein aus einem Buch abgeschriebener Text oder ein formloses Schreiben, in dem keine Sätze vorkommen wie »Durch meine jahrelangen Angstzustände und Panikattacken habe ich ...«, – »Meine Schwiegermutter bringt mich immer wieder auf die Palme« oder »Ich weiß nicht mehr, wie es weitergehen soll«.

Am einfachsten ist die Erstellung eines graphologischen Gutachtens, wenn der Schrifteigner dem Graphologen unbekannt ist und das zu analysierende Schreiben auf einem unlinierten DIN-A4-Blatt geschrieben wurde.

Am besten kann eine Schriftanalyse durchgeführt werden, wenn der Graphologe den Schrifteigner weder kennt noch mit ihm gesprochen hat. Der Schrifteigner sollte ein dem Graphologen völlig unbekannter Mensch sein; wichtig ist jedoch zu wissen, welches Alter der Schrifteigner hat und ob er männlich oder weiblich ist.

So gehen Sie beim Erstellen eines graphologischen Gutachtens vor

Sicherlich werden Sie im Laufe der Zeit mit wachsender Routine Ihre eigene Vorgehensweise bei der Deutung einer Schriftprobe entwickeln, aber ich möchte Ihnen doch für den Einstieg einen in der Praxis erprobten Fahrplan zur Verfügung stellen, der Ihnen für die ersten Versuche als roter Faden dienen kann.
Wenn Sie eine Schriftprobe vor sich haben, gehen Sie am besten folgendermaßen vor.

- Gewinnen Sie zunächst einen intuitiven Gesamteindruck des Schriftbildes, und halten Sie Ihre intuitiv gewonnenen Erkenntnisse fest. Wichtig ist, dass Sie sich schriftliche Notizen machen, um später Ihre Ergebnisse gesammelt zur Verfügung zu haben.
- Wie steht es mit dem Raumbild? Lässt der Schrifteigner rechts und links und oben und unten Ränder, so dass die Schrift wie ein Bild in einem Rahmen liegt? Oder füllt er jeden freien Raum vollständig aus, so dass kaum »Luft zum Atmen« bleibt?

- Wenden Sie sich nun dem Formbild (auch Formniveau genannt) zu. Ist es unruhig oder in sich harmonisch? Welche besonderen Merkmale können Sie auf den ersten Blick feststellen? Ist die Schrift hart und zackig oder weich und rund? Ist sie Ihrem Empfinden nach normal groß oder eher klein oder gar übertrieben groß? Sehen Sie sich die Ober- und Unterlängen an: Reichen die Oberlängen bis in die darüber liegende Zeile oder die Unterlängen in die folgende Zeile? Wirken die Buchstaben abgehackt, oder weisen sie seltsame Verzierungen auf? Ist die Schrift selbst gut leserlich, oder hat der Schreiber Ihrem Empfinden nach etwas zu verbergen? Oder wirken die Zeilen wie ein langer, ruhiger Fluss? Was spüren Sie, wenn Sie die Schrift betrachten?
- Kommen wir zum Bewegungsbild. Sind z. B. die Kleinbuchstaben n und m in Girlandenform, sehen sie aus wie Arkaden, sind sie wie scharfe Winkel oder einfach nur als Strich geschrieben? Ist die Schrift verbunden oder unverbunden, druckstark oder druckschwach? Ist die Schrift schnell oder langsam?
- Schauen Sie sich nun die drei Zonen an: Oberzone, Mittelzone und Unterzone. Sind die Groß- und Kleinbuchstaben harmonisch aufeinander abgestimmt, oder stellen Sie extreme Ober- und Unterlängen fest? Oder dominiert die Mittelzone, auch Mittelbank genannt?
- Was ist mit der Schriftlage? Ist sie rechtsschräg, steil oder linksschräg?
- Wie steht es mit den Wort- und Zeilenabständen? Finden Sie in der Schrift verhältnismäßig normale Abstände zwischen den einzelnen Wörtern und Zeilen vor, sind sie besonders groß, oder scheinen sie förmlich aneinander zu kleben?
- Zuletzt werfen Sie einen Blick auf die Schleifen in den Ober- und Unterlängen, wie z. B. beim kleinen l oder g. Gibt es auffällige Schleifen in den großen Anfangsbuchstaben?
- Jetzt fassen Sie diese ersten Eindrücke zusammen und beginnen mit der Analyse. Aber bedenken Sie: Es braucht Zeit und Geduld, bis man eine Schrift »entschlüsselt« hat. Und erst wenn sämtliche gewonnenen Erkenntnisse ein harmonisches Gesamtbild ergeben, lassen sich Rückschlüsse auf die Persönlichkeit, und die Talente eines Menschen ziehen. Und denken Sie daran: Ein guter Graphologe hört nie auf zu lernen.

Von Vorteil ist, für sich selbst eine Reihenfolge festzulegen, in der man ein Schriftbild begutachtet. Wichtig ist hierbei immer der allererste, intuitive Eindruck, den Sie von einer Schrift erhalten.

Die drei Zonen

Das Größenverhältnis zwischen Ober- und Unterlängen zeigt, ob das Theoretische und Geistige oder das Praktische und Materielle dominierend sind, während die Mittellage uns etwas über das emotionale Empfinden sagt.

Ein ordnendes Grundraster des Schreibens mit der Hand und der Schrift, wie wir es auch in den ersten Schulanfängen lernen, ist die Formung der Buchstaben innerhalb von drei vorgegebenen Zonen.
Bei den drei Zonen handelt es sich um die

Oberzone
Mittelzone
Unterzone

In die Oberzone reichen folgende Buchstaben: b, d, h, k, l, t.
In der Mittelzone finden wir: a, c, e, i, m, n, o, r, s, u, v, w, x, z.
In die Unterzone reichen: g, j, p, q, y.
Eine Ausnahme bildet der Buchstabe f, der alle drei Zonen betrifft. Die Graphologie betrachtet die drei Zonen einzeln und im Zusammenspiel.

▶ **Die Oberzone** steht für den Geist. Hier wird sichtbar, ob jemand phantasievoll oder eher phantasielos, geistig rege oder träge ist, ob Ideenreichtum und Ehrgeiz vorhanden sind, eventuell auch der Drang nach dem Losgelöstsein von einengenden, dem Freiheitsdrang des Schreibers entgegenstehenden Bindungen.

▶ **Die Mittelzone** sagt etwas über die Gefühlslage und die Willensstärke einer Person aus. Hier werden durch Girlanden, Arkaden, Winkel, Faden sowie durch verschiedene Bindungsformen, auf die später noch näher eingegangen wird, jene Wesensmerkmale aufgezeigt, die vom Willen bestimmt werden. Hier finden wir das Ich sowie die Emotionen, die Seele und das Herz einer Person oder Persönlichkeit. Die Mittelzone oder auch das Mittelband ist der Maßstab für die Schriftgröße. Drei Millimeter gelten als normal, darüber sprechen wir von Schriftgröße, unter zwei Millimeter von Kleinheit.

▶ **Die Unterzone** spiegelt die Körperlichkeit wider, die Triebe, die Sinnlichkeit (insbesondere bei teigiger Schrift), das Materialistische.

Diese Zone sagt etwas darüber aus, ob jemand eher bodenständig oder realitätsfern ist, ob er tief im Boden »verwurzelt« ist oder seine Wurzeln noch nicht den richtigen Halt gefunden haben. Vor allem aber sagt die Unterzone viel über die Sexualität des Schreibers aus: ob jemand triebhaft oder eher sexuell zurückhaltend, unbefriedigt oder frigide ist, ob die Neigung zu Nymphomanie oder Untreue vorhanden ist oder ob es sich um eine Person mit normaler oder eher geringer Sexualität handelt. (Auch dieses Thema wird in einem späteren Kapitel noch ausführlich behandelt.) Aufgrund ihrer Aussagekraft ist es für den Graphologen wichtig, die drei Zonen genau zu betrachten.

Oberzone:
Die Theorie, die Intelligenz, der Ehrgeiz, Wünsche und Träume
Mittelzone:
Der Wille und das Gefühl, die Mitte als Bindeglied zwischen oben und unten
Unterzone:
Die Praxis, die Realität, die Sexualität, das Materielle

Die Ausprägung der Zonen

Sind keine auffälligen Größenunterschiede in den drei Zonen vorhanden, dann hat man es in der Regel mit jemandem zu tun, der in sich selbst ruht, einen gewissen inneren Frieden oder, anders ausgedrückt, ein seelisch-körperliches Gleichgewicht gefunden hat.
Bei auffälligen Schwankungen innerhalb des Schriftbildes, d.h. überbetonten Ober- und Unterlängen oder in unausgeglichenem Verhältnis zu

Schulkinder lernen, gleichmäßig innerhalb der drei Zonen zu schreiben. Mit der Reifung der Persönlichkeit entwickelt sich daraus jedoch ein individuelles Schriftbild.

den Ober- und Unterlängen stehender Mittellage, ist der innere Frieden oder das Ruhende noch nicht gefunden worden. Inwieweit der Schreiber diese für ihn selbst so wichtige Selbstharmonie erreicht, hängt zum großen Teil von seinem Willen (auch Wollen) und seiner Entschlossenheit ab. Wenn die obere oder untere Schreibzone besonders hervorgehoben wird, spricht man von Oberlängen- oder Unterlängenbetonung. Die Mittelzone und die der Ober- oder Unterlänge entgegengesetzte Seite hingegen bleiben normal. Die Betonung kann sich folgendermaßen zeigen: durch eine Verlängerung der in die Ober- oder Unterzone reichenden Buchstaben, aber auch durch Bereicherung, Schnörkel oder besondere Druckstärke.

Nachdem man sich einen Gesamteindruck von der Schrift gemacht hat, beginnt man mit der Deutung der einzelnen Bestandteile. Aber Vorsicht: Es ist unmöglich, anhand eines einzelnen Merkmals auf die Persönlichkeit eines Menschen zu schließen!

Oberlängen

Die zutreffende Deutung einer Oberlänge hängt von den weiteren Merkmalen der Schrift ab. Deshalb wird im Folgenden die Oberlänge in unterschiedlichen »Kontexten« erläutert.

Intellektuelle Interessen, Idealismus,
Begeisterungsvermögen, Phantasie,
Oberflächlichkeit, Selbstüberschätzung

Hohe Oberlängen mit ausgeprägtem Formbild

Die Beispielschrift offenbart einen Menschen mit großen intellektuellen Interessen, einer starken Phantasie und Begeisterungsvermögen. Hier

wird nicht nur gelebt, sondern erlebt, Dinge werden wahrgenommen, die anderen vielmals verborgen bleiben, oftmals werden Entscheidungen aus dem Bauch heraus getroffen. Solche Personen sind zwar nicht unbedingt realitätsfern, doch nur eingefahrene oder ausgetretene Wege zu beschreiten ist ihnen ein Gräuel. Sie lieben die Freiheit, streben »nach oben«, sind bereit, zu empfangen, aber auch zu geben. Sich mit ihnen auseinander zu setzen, zu diskutieren kann zu einem Erlebnis werden. Ihre Begeisterung kann leicht auf andere überschwappen, ihre Phantasie mit ihnen durchgehen und neue Welten schaffen.

Hohe Oberlängen in einem niedrigen Formbild deuten häufig auf eine oberflächliche, leicht ablenkbare Person hin, die zwar theoretisch, aber nur selten praktisch überzeugen kann.

Hohe Oberlängen mit niedrigem Formbild

Findet man die hohen Oberlängen in einer ansonsten wenig geformten Schrift, in der das Formniveau eher niedrig ist, variieren etwa Schrift und Wortabstände zwischen eng und weit, so mischt sich dem Streben nach dem Höheren eine gewisse Oberflächlichkeit bei. Wichtige Dinge werden nicht sehr ernst genommen, Versprechungen nur selten oder gar nicht eingehalten. Pünktlichkeit und Disziplin sind eher nebensächlich, wobei gleichzeitig nicht selten eine Selbstüberschätzung vorhanden ist. Die Begeisterungsfähigkeit ist zwar ebenfalls gegeben, doch werden Ziele nicht beharrlich verfolgt, das Streben nach Höherem wird immer wieder durch mangelnde Ausdauer unterbrochen. Man lässt sich leicht ablenken, anstatt sich auf das Wesentliche zu konzentrieren. Wird ein Etappenziel nicht erreicht, wird alles abgebrochen, und man begeistert sich für etwas Neues. Durch schöne Reden ist man zwar in der Lage, andere kurzfristig von seinen Plänen und Zielen zu überzeugen, doch wird dies auf Dauer nicht gelingen.

Enge, scharfe, magere Schrift mit großen Oberlängen

Bei einer eher engen, scharfen und mageren Schrift mit besonders großen Oberlängen handelt es sich in der Regel um eine Person, die eine Neigung dazu hat, ihre Ziele sehr ehrgeizig zu verfolgen, und bisweilen sogar fanatisch ist. Es besteht eine starke Ichbezogenheit, das Heischen nach Anerkennung im beruflichen, aber auch privaten Bereich kann sogar zwanghafte Züge aufweisen. Wünsche, Träume und die Neigung zu extravagantem Handeln können ebenfalls zu den Eigenschaften einer solchen Person zählen.

Manchen Menschen ist es ein Gräuel, mit dem Strom zu schwimmen. Sie lieben die Freiheit und nehmen gerne Entbehrungen dafür in Kauf. Unter ihnen finden sich häufig berühmte Persönlichkeiten, deren Oberlängen bisweilen bis in den »Himmel« ragen.

Eine enge, scharfe Schrift mit überbetonten Oberlängen zeugt aber auch von einer gewissen Risikobereitschaft (beruflich wie privat), einem starken Idealismus und dem Drang, sich von der Masse abzuheben, zu sagen: »Seht her, das bin ich, mir kann keiner das Wasser reichen.« Dies führt leicht zu Selbstüberschätzung und bei nicht ausreichender Würdigung der Person zu schneller Reizbarkeit und tyrannischem Verhalten.
Viele populäre Männer und Frauen, die im Rampenlicht stehen oder standen, weisen eine enge Schrift mit zum Teil riesigen Oberlängen auf.

Sie wollen nach oben, ihr Blick ist gen Himmel gerichtet, sie drängen nach dem Licht, nach Weisheit und wollen unter gar keinen Umständen mit dem Strom schwimmen. Im Extremfall wollen sie den Weg aufweisen, den andere zu gehen haben, und würden sich nie dem Diktat anderer unterwerfen. Ihre Kritikfähigkeit ist praktisch null, ihre selbst ausgesprochene Kritik kann jedoch mitunter scharf und beißend sein.

Leicht betonte Oberlängen mit teigiger Schrift

Leicht betonte Oberlängen in einer teigigen Schrift mit stark betonten Unterlängen und einer nur schwach ausgebildeten Mittelzone weisen auf eine Person hin, die zwar gerne intellektuell und geistig interessiert wäre bzw. so erscheinen möchte, aber vermutlich nicht das Potenzial

dazu hat. Die Triebe, die Sinnlichkeit und das materielle Denken behalten die Oberhand gegenüber dem Wunsch nach geistigen Dingen, vor allem aber weil die Willensstärke nicht genügend ausgeprägt ist. Hier ist zwar der Wunsch nach Intellekt und Geist vorhanden, doch das Fleisch siegt letztlich immer wieder über den Geist.

Mögliche Bedeutungen: Freiheitsdrang, Idealismus, Streben nach Höherem, Begeisterungsvermögen, intellektuelle Interessen, Führungsstreben,

Phantasie, Selbstherrlichkeit, Selbstüberschätzung, Desorientiertheit, mangelndes seelisches und emotionales Gleichgewicht, Oberflächlichkeit, Neigung zu Illusionen, schwankendes Selbstbewusstsein

Geringe Oberlängen

Sind die Oberlängen kaum höher als die Buchstaben der Mittelzone, so haben wir es in der Regel mit einem Menschen zu tun, der zwar durch-

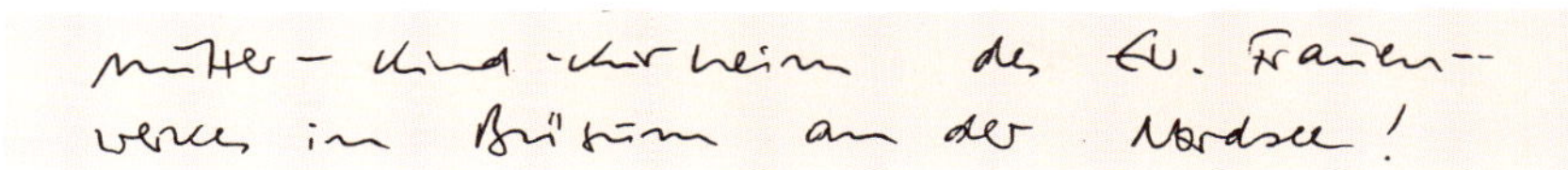

aus selbstbewusst sein kann, dem es aber an Phantasie und geistigem Interesse mangelt. Das Leben spielt sich in einem festen und wohl gefügten Rahmen ab.

Verkümmerte Oberlängen

Realitätsnähe;
kaum ausgeprägte intellektuelle Interessen

Bei verkümmerten Oberlängen, gleichzeitig betonter Mittelzone und eher enger Schrift haben wir es häufig mit einer Person zu tun, die sehr

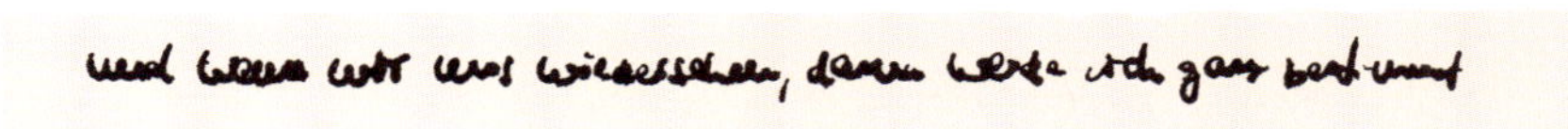

bodenständig und stark realitätsbezogen ist. Sie schweift weder im Denken noch im Handeln weit aus und glaubt nur, was sie mit ihren fünf Sinnen wahrnimmt. Geistige Höhenflüge sind ihr fremd, sie will auch gar nicht über Dinge nachdenken, die nicht (be)greifbar sind.
Häufig findet man verkümmerte Oberlängen in einer schnellen und ein hohes Formniveau aufweisenden Schrift bei Wissenschaftlern und Forschern. Sie wollen und müssen den Dingen auf den Grund gehen, kennen sich mit Formeln aus, lehnen aber alles ab, was nicht durch Versuche

Verkümmerte Oberlängen bedeuten nicht, dass der Schreiber innerlich verkümmert ist. Er ist vielmehr eher Realist und glaubt oft nur das, was er mit seinen fünf Sinnen wahrnehmen kann.

bewiesen werden kann. Ihre Realitätsnähe und ihre Liebe zum Detail sind bisweilen übermäßig stark ausgeprägt, ihre musischen und geistigen Interessen eher dürftig. Sie folgen nicht ihrer Intuition, sondern dem logischen Verstand.

Mögliche Bedeutungen: Realitätsnähe, Liebe zum Detail, Logik, Perfektionismus, glaubt nur, was er/sie sieht, verkümmertes Streben nach Höherem, mangelnde geistige und spirituelle Interessen, mangelnde Intuition

Bei Größenschwankungen in der Oberzone handelt es sich oft um Menschen mit unklaren Zielen, die sie meist – wenn überhaupt – auf beschwerlichen Umwegen erreichen.

Größenschwankungen in der Oberzone

Bei Größenschwankungen in der Oberzone finden wir Eigenschaften vor

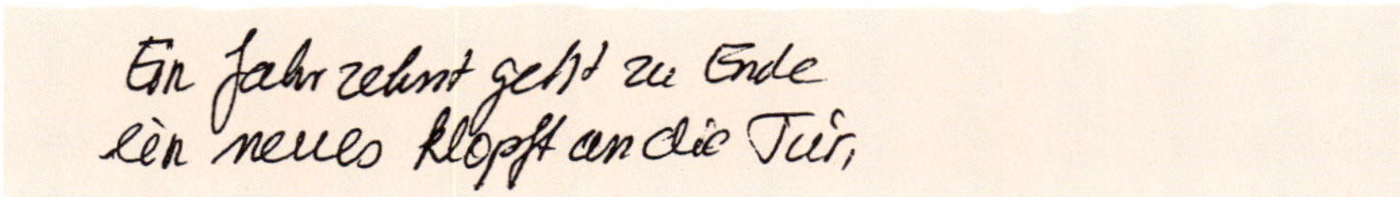

wie mangelndes seelisches und emotionales Gleichgewicht, schwankendes Selbstbewusstsein und leicht zu erschütternden Ehrgeiz. Solche Personen sind häufig wie ein manövrierunfähiges Boot: Sie sind nicht lenk-

Vom Größenwahn bis zu Minderwertigkeitsgefühlen kann die Achterbahn der Zustände bei Schrifteignern mit Größenschwankungen gehen.

bar und auch kaum in der Lage, sich selbst zu lenken. Sie können von einer Minute zur anderen erst himmelhoch jauchzend und dann zu Tode betrübt sein. Sie sind unzufrieden mit sich und ihrer Situation und leicht geneigt, Verantwortung abzuwälzen und anderen die Schuld für Misslungenes in die Schuhe zu schieben.

Viele Menschen werden wegen ihrer Bescheidenheit und Anspruchslosigkeit belächelt. Doch oftmals sind sie die glücklichsten Menschen.

Betontes Mittelband

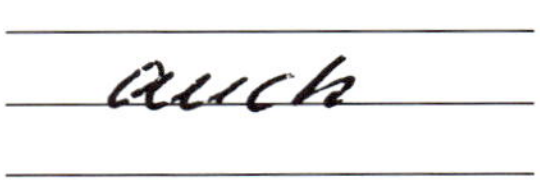

Realitätssinn, Ordnungssinn, Bereitschaft, sich ein- oder sogar unterzuordnen;
Trägheit, Antriebsschwäche

Bei kurzen Ober- und Unterlängen ist die Mittelzone das beherrschende Element. Hier spielt das Ich und weniger das Du die wesentliche Rolle. Solche Personen legen Wert auf Ordnung in ihrem Leben. Sie leben im Heute, denken aber daran, ihre Zukunft abzusichern. Sie sind bereit, sich

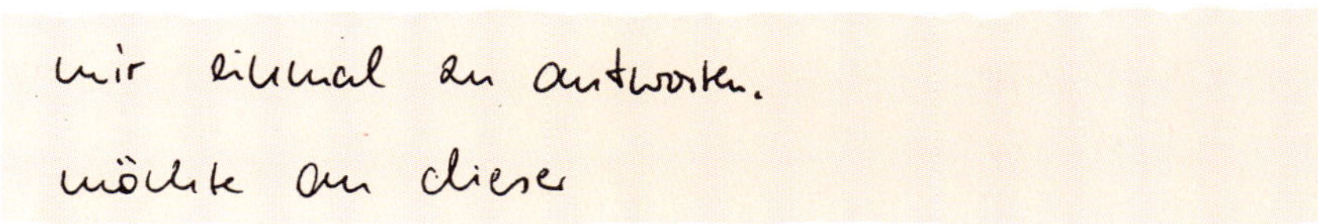

vor allem im Beruf ein- oder gar unterzuordnen, sie hassen Auseinandersetzungen, um das Ich zu schützen. Menschen mit dieser Betonung ordnen sich in der Ehe um des lieben Friedens willen gerne unter, was bis zum bedingungslosen Gehorsam gehen kann. Sie leben in einer eher anspruchslosen Welt, stellen keine hohen Anforderungen, sondern geben sich zufrieden mit dem, was sie haben und was sie sind.
Allerdings sollte unbedingt auch hier, wie in allen anderen Fällen, das Gesamtschriftbild herangezogen werden: die Raumaufteilung, die Wort- und Zeilenabstände, die Ränder, die Druckstärke und die Linienführung. Nur von einem Wort oder Satz eine Beurteilung vorzunehmen ist nicht möglich (siehe auch »Geringe Längenunterschiede«, Seite 26f.)
Mögliche Bedeutungen: Realitätssinn, Ordnungssinn, Bereitschaft, sich ein- oder sogar unterzuordnen; Trägheit, Antriebsschwäche

Unterlängen

Nicht selten findet der Graphologe bei Handschriften von ein und derselben Person über mehrere Jahrzehnte die Wandlung von kräftigen, betonten Unterlängen hin zu geradezu »kümmerlichen« g-, j- und y-Unterlängen.

Wenn wir die Schrift mit einer Pflanze vergleichen, so sind die Oberlängen die Blüte, die Mittelzone ist der Stiel oder Stamm, die Unterlängen sind die Wurzeln. In den Unterlängen erkennen wir die Verankerung und Standfestigkeit (Verwurzelung) des Schrifteigners im Leben. Wie schon vorab erwähnt, spiegelt die Unterzone auch die Körperlichkeit eines Menschen wider, die Triebe, die Sinnlichkeit, das Materielle, Bodenständigkeit/Realismus oder auch Realitätsferne. Während die Oberlängen auf das Geistige, Intellektuelle hinweisen, geben uns die Unterlängen wichtige Hinweise auf die materielle Einstellung und Betonung des Schrifteigners.

Betonte Unterlänge

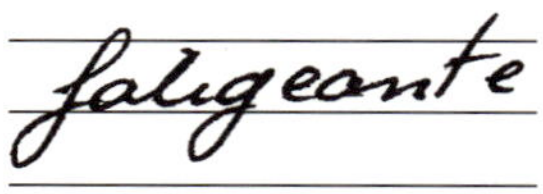

Wirklichkeitsnähe, Realismus;
bisweilen stark ausgeprägtes Triebleben
(hängt jedoch vom Gesamtschriftbild ab)

Betonte Unterlängen zeugen von Realitätsnähe und Gründlichkeit, aber auch von einer konservativen Grundhaltung. Nüchternes und abstraktes Denken steht anstelle von Träumen, Wunschvorstellungen und geistigen und spirituellen Höhenflügen. In den Unterlängen (der Unterzone) finden wir die Sexualität einer Person, die materiellen Interessen, die Triebe und Instinkte.

Bei stark betonten und womöglich vollen, teigigen Unterlängen finden wir meist ein stark ausgeprägtes Interesse an Sex, Essen und allen materiellen Dingen. Häufig befinden sich unter solchen Schreibern Phlegmatiker, aber auch eitle, vor allem aber allen sinnlichen Dingen sehr zugetane Personen.

Mögliche Bedeutungen: Praktische Veranlagung, Gründlichkeit, Realismus, Realitätsnähe, Genussmensch, Bodenständigkeit/Verwurzelung, materialistische Einstellung, Triebhaftigkeit, Schwerfälligkeit, Instinktmensch

Verkümmerte Unterlängen

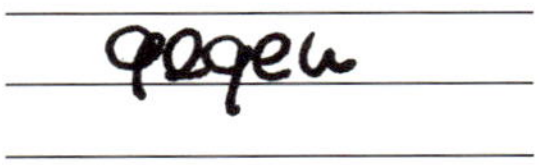

Mögliches Zeichen für sexuelle Unlust, Triebabwehr, verkümmertes Sexual- oder Triebleben, Frustration

Verkümmerte Unterlängen lassen auf ein verkümmertes Triebleben, geringe Vitalität und Widerstandskraft sowie mangelnde Festigkeit im Leben schließen. In vielen Fällen leiden die Schreiber unter psychischen und/oder physischen Problemen. Wenn wir noch einmal das Bild der Pflanze aufgreifen – oben die Blüte, in der Mitte der Stiel, unten die Wurzeln –, dann handelt es sich bei einem Schriftautor, dessen Unterlängen verkümmert sind, um eine Person, deren Wurzeln nicht sehr tief greifen, die ihre Festigkeit/Verwurzelung (noch) nicht gefunden hat.
Besonders angesprochen werden sollte die Sexualität eines solchen Schreibers. Verkümmerte Unterlängen sind oft ein Zeichen starker sexueller Frustration – häufiger bei Frauen anzutreffen als bei Männern. Menschen, die der Sexualität nicht so viel Bedeutung beimessen, leben ihre Gefühle meist auf einer anderen Ebene aus.

Menschen, die der Sexualität nicht so viel Bedeutung beimessen, müssen nicht unbedingt frigide oder sexuell frustriert sein; sie sind häufig vielmehr in der Lage, ihre Gefühle auf einer anderen Ebene auszuleben.

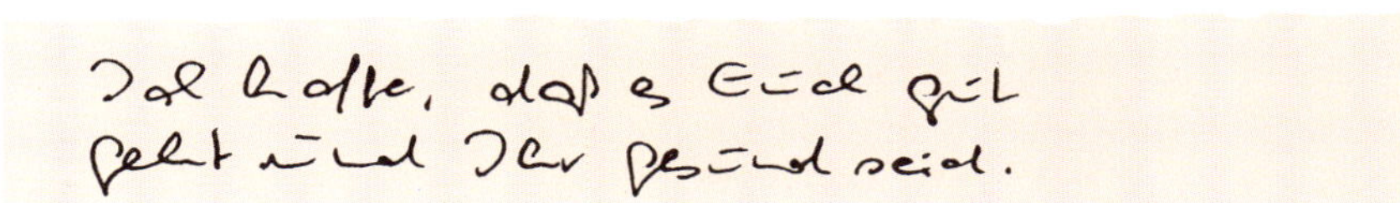

Mögliche Bedeutungen: Streben nach Höherem, Augenmerk stärker auf das Geistige gerichtet, geringe materielle Ansprüche, verkümmertes Triebleben, Triebabwehr, sexuelle Frustration, mangelnde Vitalität und Widerstandskraft, schlechte Verankerung oder Verwurzelung, psychische und /oder physische Probleme

Längenunterschiede

An der Mittelzone wird die Größe einer Schrift festgemacht. Im Normalfall beträgt sie drei Millimeter. Sind dementsprechend die Ober- und Unterlängen wesentlich größer, sprechen wir von auffälligen Längenunterschieden.

Die Größe einer Schrift wird an der Mittelzone gemessen, die, wie bereits besprochen, in der Regel drei Millimeter beträgt. Über drei Millimeter gilt die Schrift als groß, darunter als klein. Sind bei einer normal ausgeprägten Mittelzone, also drei Millimetern, die Ober- und Unterlängen bedeutend größer, dann sind dies auffällige Längenunterschiede.

Auffällige Längenunterschiede

Ehrgeiz, Eifer, Dynamik, Durchsetzungsvermögen; Unzufriedenheit, Aufbegehren gegen belastende Situationen

Ist beispielsweise bei **niedrigem Formniveau** die Mittelzone verkümmert, sind die Ober- und Unterlängen hingegen übermäßig betont, so ist eine Diskrepanz zwischen Geist, Seele und Körper vorhanden. Die Mittelzone, die das Ich oder auch die Seele widerspiegelt, verrät in einem solchen Fall, dass wir es mit einem unsicheren, wenig selbstbewussten Menschen zu tun haben. Hier finden wir einen Mangel an Selbstvertrauen und Selbstachtung, was aber häufig durch scheinbar selbstbewusstes Auftreten kaschiert wird. Ebenso muss betont werden, dass der Schreiber in allen Bereichen des Lebens unzufrieden ist und gegen belastende Situationen aufbegehrt oder zumindest aufbegehren möchte.
Finden wir jedoch ein **hohes Formniveau** vor mit einer starken Mittelzone, so verfügt der Schreiber in der Regel sowohl im beruflichen als auch privaten Bereich über großen Ehrgeiz. Der- oder diejenige versteht es, die eigenen Ansichten und Vorstellungen anderen gegenüber deutlich zu machen und auch durchzusetzen und zielstrebig einen geplanten Weg zu gehen. Hier wird häufig dem Ich weniger Beachtung geschenkt als dem Du, da der- oder diejenige bereits so tief verwurzelt ist und immer weiter nach Höherem strebt, dass eine zu intensive Auseinandersetzung mit der eigenen Persönlichkeit (der Seele und dem Herzen) nicht mehr nötig ist.

Oft symbolisieren große **Längenunterschiede bei einer mäßig bis schwach ausgeprägten Mittelzone** den Wunsch nach geistiger oder spiritueller Weiterentwicklung (bei betonten und ein hohes Formniveau aufweisenden Oberlängen) sowie nach materieller Sicherheit, Festigkeit und Befriedigung körperlicher Bedürfnisse (bei ebenfalls betonten und ein hohes Formniveau aufweisenden Unterlängen).

Künstler, die in ihrer Arbeit voll aufgehen, zeigen häufig stark überbetonte Ober- und Unterlängen und bisweilen verspielte Buchstaben.

Auffällig bei überbetonten Ober- und Unterlängen ist, dass solche Schreiber häufig den Drang nach Selbstverwirklichung verspüren. Sie

wollen Sicherheit im Leben (Verwurzelung) und möchten immer wissen, wo ihr Platz oder Nest ist; sie wollen aber vor allem, wenn sie diese Festigkeit erreicht haben, immer weiter nach oben streben. Sie geben sich mit Erreichtem nicht zufrieden, sondern sind auf der ständigen Suche nach neuen Erfahrungen und Erkenntnissen. Sie befinden sich in einem ständigen Entwicklungsprozess, sind lern- und wissbegierig und bisweilen rast- und ruhelos im Denken und Handeln.

Finden wir in den Ober- und Unterlängen zudem schwungvolle, manchmal verspielte Kreise, dann haben wir es mit einer überaus phantasievollen Person zu tun. Solche »phantasievollen« Schriften kommen oft bei Künstlern oder künstlerisch begabten Menschen wie Malern, Schriftstellern, Komponisten, aber auch Schauspielern und Musikern vor. Wie bei vielen Künstlern oder künstlerisch begabten Menschen kann es hier zu inneren Spannungen und Unzufriedenheit kommen, weil permanent nach einer gewissen Form von Vollkommenheit gestrebt wird. Aber hier dient Unzufriedenheit dazu, Fortschritte zu machen, den Blick nach vorne gerichtet zu halten und weiter kreativ zu sein.

Mögliche Bedeutungen: Ehrgeiz, Eifer, Dynamik, Durchsetzungsvermögen, Initiative, Phantasie, Überspanntheit, Entwurzelung, große Gedankensprünge, seelische und emotionale Labilität, Unzufriedenheit, Exzentrik, schlechte Lenkbarkeit

Die Mittelzone ist der Spiegel unserer Emotionen oder auch unseres Herzens. Hier zeigt sich, inwieweit jemand emotional gefestigt ist, wie er mit sich selbst und mit anderen umgeht.

Geringe Längenunterschiede

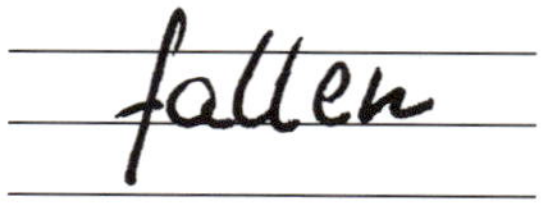

Vernunftdenken, Ausgeglichenheit,
In-sich-Ruhen;
Anspruchslosigkeit bis hin zur Askese

Um geringe Längenunterschiede besser zu verstehen, muss hier noch einmal auf die Mittelzone hingewiesen werden, in der wir die Kleinbuchstaben a, e, m, n etc. finden. Die Mittelzone repräsentiert das Ge-

fühl, unsere Verbindung zur Vergangenheit, unser Herz und unsere Seele. Hier zeigt sich die Gewichtung von Ich und Du, inwieweit die Fähigkeit zu lieben in uns vorhanden ist, ob wir großzügig oder geizig

Anteile von Selbstlosigkeit und Anspruchslosigkeit bis hin zur Askese findet man häufig bei Schrifteignern mit einer steilen bis rechtsgeneigten Schrift und geringen Längenunterschieden.

sind, eigennützig oder selbstlos. Die Mittelzone ist der Mittelpunkt unseres Selbst. Ist die Mittelzone dominierend und reichen die Ober- und Unterlängen nur geringfügig über die Mittelzone hinaus, dann sprechen wir von geringen Längenunterschieden.
Wie im Abschnitt »Betontes Mittelband« (siehe Seite 21) besprochen, kommt es hier sehr auf Merkmale wie Druckstärke, Wort- und Zeilenabstände sowie auf die Form der Ober- und Unterlängen an.

Wer sich ständig in sein Schneckenhaus zurückzieht, sieht nicht, was in der Welt vor sich geht. Manchmal ist es besser, das Haus zu verlassen und auf andere zuzugehen, als ständig mit sich und dem Schicksal zu hadern.

Steile oder rechtsschräge Schrift mit geringen Längenunterschieden

Bei einer steilen oder rechtsschrägen, normalen Schrift mit geringen Längenunterschieden haben wir es häufig mit Menschen zu tun, die in sich ruhen, die keine großen Ansprüche an sich und die Umwelt stellen, ein ausgeglichenes, freundliches und unaufdringliches Wesen haben. Sie leben zufrieden in ihrer Welt, sie denken und handeln vernünftig, versuchen, Streitigkeiten zu vermeiden. Vereinfachte, klare Formen bei geringen Ober- und Unterlängen weisen auf Harmonie, Zuverlässigkeit und einen gewissen Sinn für Humor hin, der die Schrifteigner sogar dazu bringen kann, über sich selbst zu lachen.

Linksschräge Schrift mit geringen Längenunterschieden

Ist die Schrift linksschräg und von niedrigem Formniveau, dann zeigen uns die geringen Längenunterschiede eine Person, die stark mit der Vergangenheit verhaftet ist und sich am liebsten einigelt und in Ruhe gelassen werden möchte. Sie braucht diese Ruhe, um zufrieden zu sein und sich geborgen zu fühlen. Die Erwartungen an das Leben sind nicht sehr groß, Bescheidenheit ist ein wesentliches Merkmal.
Mögliche Bedeutungen: In sich ruhend, Vernunftdenken, Bescheidenheit, Ausgeglichenheit, Unaufdringlichkeit, Mangel an Initiative und Ehrgeiz, Farblosigkeit, Bequemlichkeit, möchte in Ruhe gelassen werden, keine großen Erwartungen ans Leben, kann mit Kritik umgehen

Elemente des Formbildes

Das Formbild oder Formniveau sagt uns etwas über die Wünsche, Ideale und Träume eines Menschen. Es gibt Aufschluss darüber, ob ein Mensch zielstrebig oder ziellos ist, und über die Ausgeglichenheit und Stabilität seines seelischen und emotionalen Zustands. Ein hohes Formniveau offenbart vor allem die positiven Kräfte, die jemand hat, um sich selbst zu verwirklichen bzw. etwas Sinnvolles aus seinem Leben zu machen. Dazu zählen u.a. das Festhalten an eigenen Überzeugungen und Wertvorstellungen, geistige Spannkraft sowie innere Erfülltheit. Ein niedriges Formniveau zeigt uns überspitzt formuliert entweder einen aufgeblähten, eitlen Menschen, einen von sich selbst überzeugten Aufschneider oder eine ängstliche, vereinsamte Natur ohne jegliches Selbstvertrauen.

Regelmäßigkeit hat etwas mit Ästhetik zu tun. Man will "schön" erscheinen und zeigt etwas, das in Wirklichkeit oftmals gar nicht vorhanden ist.

Regelmäßigkeit

Von einer regelmäßigen Schrift sprechen wir, wenn folgende Merkmale vorhanden sind: keine oder nur geringe Schwankungen innerhalb der Wörter, gleich bleibender Neigungswinkel (steil oder rechtsschräg), gleichmäßige Größe und Weite, gleichmäßiger Druck und gerader Zeilenverlauf. Weist eine Schrift diese Merkmale auf, dann steckt dahinter eine gehörige Portion an Selbstdisziplin, Willensstärke und Selbstbeherrschung.

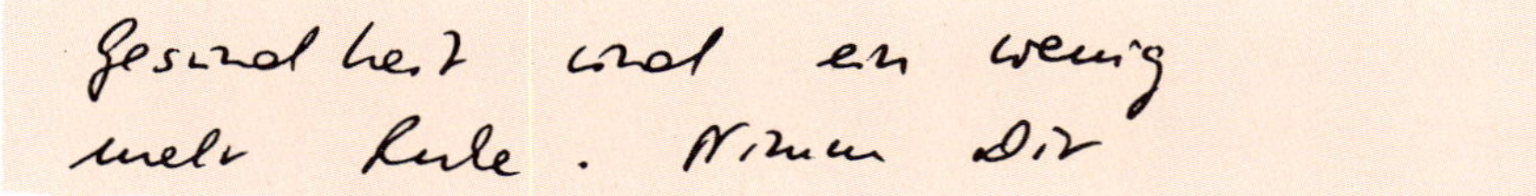

Bei einer **regelmäßigen linksschrägen** Schrift deutet dies jedoch auf einen Charakter, der sehr auf die Einhaltung von Traditionen und

Konventionen bedacht ist, der sehr stark das Ich betont und zudem der Vergangenheit einen wesentlich größeren Stellenwert beimisst als der Gegenwart oder gar der Zukunft.
Eine **kleine regelmäßige** Schrift mit kleinen oder kaum vorhandenen Ober- und Unterlängen zeigt einen Menschen, der nur nach Normen lebt, der weder geistig noch körperlich hohe Ansprüche stellt und gelernt hat, sich unterzuordnen, und sich in einem eng abgegrenzten Gebiet bewegt. Bei gleichzeitiger Druckstärke begehrt die Person innerlich auf, will sich von den selbst gebundenen Fesseln befreien, schafft es aber nicht, da das Selbstvertrauen zu gering ist. Regelmäßigkeit kann auch von einer gleichgültigen, unter Umständen sogar gefühlskalten Persönlichkeit zeugen.

Der Schein zählt unter Umständen mehr als das Sein. Das Ich ist stärker als die Hinwendung zum Du, die Willensstärke, ob aktiv oder passiv, ausgeprägt.

Übertriebene Regelmäßigkeit

Übertriebene Regelmäßigkeit, die bis hin zur Kalligraphie reichen kann, wird zur Formenstarre, wohinter sich in der Regel ein schwacher, labiler Charakter verbirgt. Solche Personen wollen in Ruhe gelassen werden, sie suchen verzweifelt nach ihrem inneren Frieden. Sie sind häufig

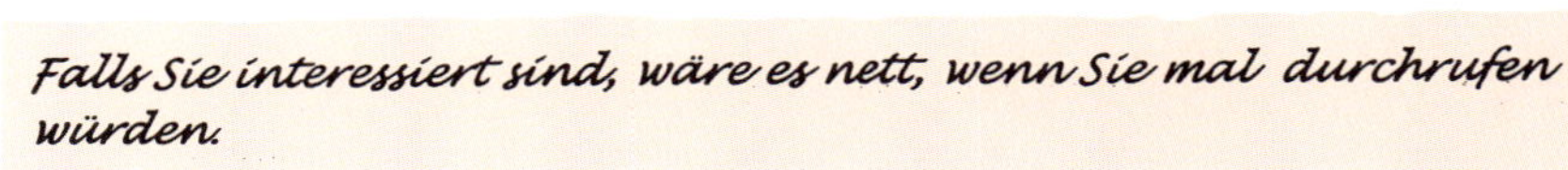

schwunglos und träge, neigen zu Pedanterie und Eigenbrötlerei, mischen sich nicht ein und wollen auch nicht, dass andere sich in ihr Leben einmischen. Sie sind Neuem verschlossen, Überraschungen bereiten ihnen häufiger Angst, als dass sie sich über sie freuen, Lebenslust und -freude sind ihnen eher fremd. Sie leben in ihrer kleinen, fest abgrenzten Welt, die sie um keinen Preis verlassen wollen.
Eine kalligraphische Schrift ist nur schwer oder überhaupt nicht zu deuten, da der Schreiber sein wahres Ich derart gut verbirgt, dass ein Blick hinter die dicke Betonmauer, die er um sich gebaut hat, nicht mehr möglich ist. Nicht selten ist übertriebene Regelmäßigkeit ein Schutzwall, der Eindringlinge fern halten soll. Wie es um den inneren Zustand, die Emotionen, die Seele und das geistige Befinden steht, geht keinen Menschen

etwas an. Man steht auf dem Standpunkt, kein anderer könne einen so gut verstehen wie man sich selbst. Man ist nicht bereit, die Tür auch nur einen winzigen Spaltbreit zu öffnen. Das Leben wird oft in vollkommener Isolation gelebt, ein festgelegter Rhythmus bestimmt den Tagesablauf, der jahraus, jahrein der gleiche bleibt. Das Leben ist eine Fassade, hinter der sich tiefe seelische Abgründe auftun.

Der deutsche Philosoph Immanuel Kant (1724–1804) sagte einmal: »Eine absolute, abgemessene Regelmäßigkeit sieht man oft in den Gesichtern gewöhnlicher Leute mit wenig Verstand. Wenn wir auch behaupteten, dass Harmonie und Ebenmaß die Prinzipien der klassischen Schönheit ausmachen, so ist es diese innere Ausgeglichenheit, die das Geheimnis der Schönheit ist, denn Schönheit hat etwas mit dem Charakter zu tun. Bei zu großer Regelmäßigkeit ist es möglich, dass Individualität und Charakter fehlen.«

In der »Psychologie des Schreibens« schreibt Wilhelm Preyer, dass die meisten regelmäßigen Schriften, wenn man sie länger betrachtet, hässlich wirken, weil sie nicht kreativ sind.

Eine sehr regelmäßige Schrift ist ordentlich, und das ist genau das, was der Schreiber im und vom Leben erwartet: Ordnung.

Regelmäßigkeit mit hohem Formbild und betonten Ober- und Unterlängen

Allerdings muss darauf hingewiesen werden, dass es auch in der Regelmäßigkeit Unterschiede gibt. Eine auf hohem Formniveau stehende, regelmäßige Schrift mit betonten Ober- und Unterlängen und gleich bleibenden Betonungen bestimmter Anfangs- und Endbuchstaben kann durchaus zu einer feinsinnigen, sehr kreativen Person gehören. Die Regelmäßigkeit ist bewusst gewählt, um aufzufallen, nicht um einen dicken Schutzwall um sich zu bauen. Sie verhält sich der Welt gegenüber offen und großzügig und bringt eine starke Willenskraft auf, um bestimmte Ziele zu erreichen.

Mögliche Bedeutungen: Willensstärke, ästhetisches Empfinden, Konsequenz, Zuverlässigkeit, Disziplin, Bindung an Konventionen und Traditionen, ethische und moralische Prinzipien, Sturheit, Perfektionismus, Spießigkeit, Unterordnung, Introversion, Fassadenmensch

Unregelmäßigkeit

Von einer unregelmäßigen Schrift sprechen wir, wenn folgende Merkmale vorhanden sind: ein schwankender Neigungswinkel, eine sich ständig verändernde Schriftgröße und -weite, außerdem ein Wechsel zwischen starkem und schwachem Druck sowie ungleichmäßige Zeilenführung. In der Regel gilt: Hinter einer regelmäßigen Schrift steckt ein

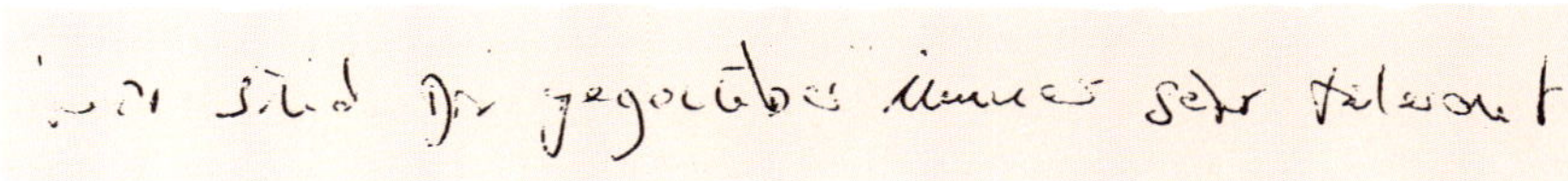

Schreiber mit Willenskraft, hinter einer unregelmäßigen Schrift ein gefühlsbetonter Mensch.

Bei einer unregelmäßigen Schrift haben wir es oft mit einer Person mit starken Meinungs- und Stimmungsschwankungen zu tun. Es handelt sich um jemanden, der von einem Moment zum anderen himmelhoch jauchzend und gleich darauf zu Tode betrübt sein kann. Seine stärkste Triebkraft ist das Gefühl.

Unregelmäßigkeit in der Schrift zeugt oft von einem Schreiber, der sich mehr vom Gefühl als vom Willen leiten lässt.

Unregelmäßigkeit mit hohem Formbild

Eine unregelmäßige Schrift mit hohem Formniveau zeigt meist einen impulsiven, freiheitsliebenden Menschen auf der ständigen Suche nach neuen Herausforderungen, der sich entwickeln und seine Träume und Wünsche erfüllen will. Anpassung jeglicher Form ist ihm zuwider, und Grenzen kann er nur schwer akzeptieren. Er ist ein Individualist, der sich nur widerwillig Vorschriften machen lässt und stattdessen sein Leben so zu gestalten versucht, dass ihm der größtmögliche Freiraum im Denken und Handeln bleibt.

Unter solchen Personen finden sich häufig sehr kreative, nach Höherem strebende Menschen, die durch Originalität in allen Lebensbereichen und durch hohe künstlerische Leistungen bestechen. Normen, Traditionen und Konventionen werden abgelehnt, und persönliche Wünsche, Träume und Neigungen erhalten Priorität. Immer besteht die Gefahr, bestimmte gesellschaftliche Normen und Konventionen zu überschreiten, was dann den Zorn oder die Ablehnung der Umwelt zur Folge hat. Doch dies hat große Künstler noch zu keiner Zeit daran gehindert, unbeirrt ihren Weg zu gehen und dabei über den Haufen zu werfen, was sie als lähmend und einengend empfanden, ihre Schöpferkraft immer weiter zu entfalten und ständig nach neuen Horizonten zu streben.

Manche Menschen sind wie ein Schiff ohne Segel und ohne Ruder, das von den Wellen ziellos umhergetrieben wird.

Der unregelmäßig Schreibende kann aber auch wie eine Fahne im Wind sein: getrieben von den unterschiedlichsten Gefühlen und Gedanken, mal ein Opportunist, mal ein Gegner aller ihm aufgezwungenen Normen, eine Person, die mit sich selbst (noch) nicht im Reinen ist, die noch nicht weiß, was sie wirklich will, und noch kein konkretes Ziel vor Augen hat. Extraversion wechselt ab mit Introversion, freundliches, höfliches Verhalten mit leichter Reizbarkeit.

Sie sind unruhige, rastlose Menschen, bisweilen wandernd auf dem schmalen Grat zwischen Genie und Wahnsinn. Sie können maßlos sein und auf vielen Hochzeiten gleichzeitig tanzen, aber eines ist ihnen allen gemein: Sie lieben ihre Freiheit über alles.

Die unendliche Weite des Meeres entspricht der größtmöglichen Freiheit im Denken und Handeln, nach der Personen mit einer unregelmäßigen Schrift mit hohem Formbild streben.

Unregelmäßigkeit mit niedrigem Formbild

Eine unregelmäßige Schrift mit niedrigem Formniveau ist ein Anzeichen für Unsicherheit, Schlampigkeit und Unberechenbarkeit bis hin zu aggressivem oder sogar brutalem Verhalten. Diese Schreiber sind häufig kaum oder gar nicht imstande, sich zu kontrollieren. Ein niedriges Formniveau mit auffälligen Spitzen, Haken oder Krallen lässt auf animalische Instinkte schließen, auf Triebhaftigkeit, Jähzorn und Brutalität. Viele Kriminelle weisen diese niedrigen Formen auf; sie sind nicht in der Lage, sich selbst zu steuern, wenn es am angebrachtesten wäre. Für sie zählt ausschließlich die eigene Person, die Umwelt ist ihnen egal. Wer sich ihnen in den Weg stellt, wird »beseitigt«.

Wirklich frei ist nur derjenige, der auch loslassen kann. Wer klammert, beschneidet nicht nur die Freiheit der andern, sondern auch seine eigene.

Starke Unregelmäßigkeiten

Diese Auffälligkeiten sind oftmals ein Zeichen für Gefühlsstärke bis hin zum Klammern an einen Partner (oder Mutter/Vater), mit der Unfähigkeit loszulassen. Stark unregelmäßig schreibende Menschen verlieren sich häufig in Selbstmitleid, sind nicht selten in melancholischer oder gar depressiver Stimmung. Sie sind stark vergangenheitsbezogen und kaum oder oft gar nicht zukunftsorientiert. Ihre eher pessimistische Einstellung bedeutet nichts anderes, als dass sie von der Zukunft nichts Positives erwarten, weil schon die Vergangenheit nach ihrem Empfinden oder auch Erleben nichts Positives hatte. Sie sind grüblerisch und neigen dazu, alles und jeden zu kritisieren, wobei es ihnen selbst an der Fähigkeit mangelt, mit Kritik umzugehen. Sie sind häufig wie ein ruder- und segelloses Schiff, das von den Wellen einfach umhergetrieben wird.

In der Gesellschaft gibt es Anpassungsschwierigkeiten, oft bedingt durch Launenhaftigkeit und die Neigung, anderen ständig ihr Leid zu klagen, was wiederum zur Abschottung führt. Eine weitere negative Deutung ist Unberechenbarkeit, da man bei diesen Personen nie weiß, wie sie sich im nächsten Moment verhalten.

Mögliche Bedeutungen: Individualität, Lebensfreude, Unbeschwertheit, Gefühlsbetontheit, Suche nach Herausforderungen, vielseitig interessiert, extravertiert, Genialität, Ablehnung von Konventionen und Traditionen, Impulsivität, Unberechenbarkeit, Maßlosigkeit, kennt keine Grenzen, Triebhaftigkeit, Rastlosigkeit, Launenhaftigkeit, Unsicherheit, Unordentlichkeit

Vereinfachung

Wir sprechen von einer Vereinfachung der Schrift, wenn der Schreiber für ihn unwesentliche Teile weglässt, ohne dass dadurch die Schrift unleserlich wird. Vernachlässigt hingegen ist eine Schrift, wenn sie nur noch im Zusammenhang lesbar und verständlich ist und beispielsweise bestimmte Details wie die e- oder g-Schleife nicht oder kaum vorhanden sind. Das e und das g sehen mehr wie ein Strich aus, oder der t- oder f-Strich wird weggelassen. Ebenfalls eine Vereinfachung ist der Faden, der anstelle einer Girlande oder Arkade beim m, n oder u verwendet wird. Die Anfangsbuchstaben einer vereinfachten Schrift enthalten keine Schnörkel oder Verzierungen.

Überdurchschnittlich intelligente Menschen lösen sich meist schon bald von der Schulschrift und beginnen zu vereinfachen.

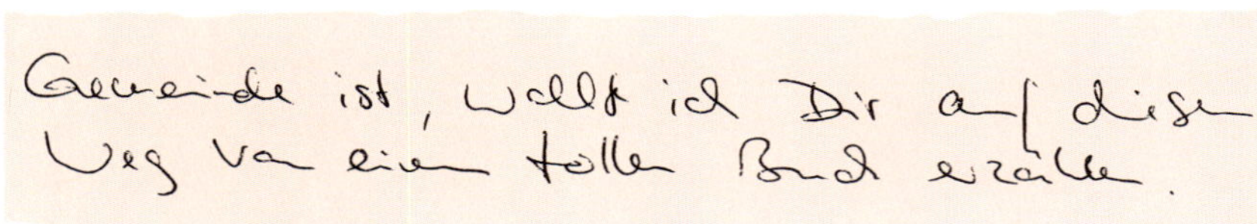

Die vereinfachte Schrift zeugt von geistiger Beweglichkeit, klarem Urteilsvermögen, meist überdurchschnittlicher Intelligenz und Ausgeglichenheit. Sie verweist auf tatkräftige, entscheidungsfreudige Menschen, die fast immer den Überblick behalten. Diese Menschen sind in der Regel kontaktfähig und aufgeschlossen und hassen Routine. Für sie ist das Leben eine Herausforderung, der sie sich täglich stellen.
Die Vereinfachung wird in den meisten Fällen von Menschen gewählt, die ohne Umschweife auf den Punkt kommen, die schnell und jedes Hindernis scheinbar mühelos überwindend ans Ziel kommen (wollen). Bei der vereinfachten Schrift findet man keine überflüssigen Schnörkel, Schleifen oder Verzierungen, hier wird schnell gedacht und ebenso schnell gehandelt.

Viele Topmanager, Wissenschaftler und Forscher weisen ein vereinfachtes Schriftbild auf. Für sie zählen nur Ergebnisse, ihre Gedanken eilen dem Schreiben voraus, das Schreibgerät ist nur ein Mittel zum Zweck. Es dient nicht dazu, eine Notiz oder einen Brief mit umständlichen Ausschmückungen zu Papier zu bringen. Ihr Denken ist nüchtern und zweckmäßig, ganz auf ein bestimmtes Ziel ausgerichtet.

Mögliche Bedeutungen: Schnelle Auffassungsgabe, überdurchschnittliche Intelligenz, schnell im Denken und Handeln, zielstrebig, geistige Beweglichkeit, klares Urteilsvermögen, Vernunft, Sachlichkeit, Gewandtheit

Vernachlässigung

Im Gegensatz zur vereinfachten oder bereicherten Schrift sind hier oftmals ganze Sätze praktisch unleserlich bzw. kaum zu entziffern. Zwar handelt es sich auch hier meist um eine vereinfachte Schrift, doch hat in diesem Fall der Schreiber offensichtlich etwas zu verbergen. Die Vernachlässigung besteht aus ungenauen, schlampigen Formen und einem insgesamt niedrigen Formniveau. Der Graphologe erkennt daraus, dass der Schreiber unzuverlässig, oberflächlich, nachlässig, ungeduldig und nur wenig zielstrebig ans Werk geht. Ihm fehlen die Ausdauer und der Sinn fürs Detail, er ist wankelmütig und kaum vertrauenswürdig. Er spielt mit den Menschen, stellt sein Äußeres zur Schau, will aber keinesfalls, dass irgendjemand in sein Inneres sehen kann. Er ist ein Fassadenmensch, der sich seinen Mitmenschen gegenüber meist völlig anders

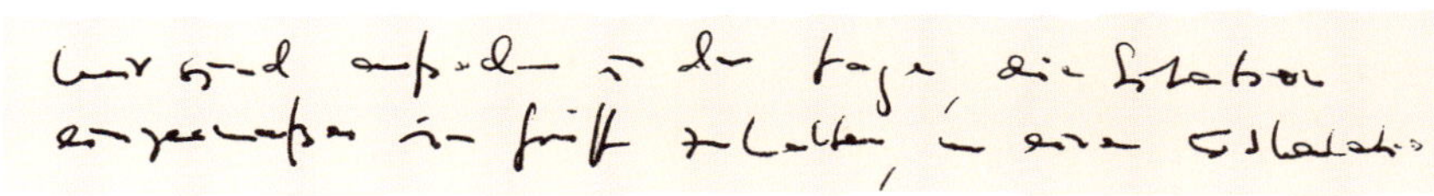

zeigt, als er in Wirklichkeit denkt, fühlt und letztlich auch handelt.

Häufig haben wir es hier mit gleichgültigen Personen zu tun, die sehr auf ihr eigenes Wohl bedacht sind und die kaum oder gar nicht über Einfühlungsvermögen verfügen. Bisweilen neigen sie sogar zu Rücksichtslosigkeit. Sie sind kühl kalkulierende Menschen, die sich nicht einbinden

Ein vernachlässigtes Schriftbild findet man oft bei Personen, die mit anderen spielen, sich selbst aber nicht in die Karten schauen lassen.

lassen und oftmals andere, ohne dass diese es bemerken, in ihre »Spiele« verstricken. Ist die Schrift zudem noch betont druckschwach und hier und da mit kleineren Schnörkeln versehen, werden die oben genannten Merkmale verstärkt.

Mögliche Bedeutungen: Ungenauigkeit, Mangel an Detailtreue, Undurchschaubarkeit, mangelnde Ausdauer, Mangel an Zielstrebigkeit, Spieler, Fassadenmensch, Unehrlichkeit, Oberflächlichkeit, Ungeduld, Charakterschwäche, wenig vertrauenswürdig

Bereicherung

Von bereicherter Schrift spricht man, wenn bestimmte Schriftteile durch Schleifen, Schnörkel oder Ornamente besonders betont, verziert oder erweitert werden. Zum Teil findet sich die Bereicherung bei eitlen, verspielten, selbstherrlichen Menschen, in vielen Fällen aber auch bei Künstlern mit ausgeprägter Kreativität. Bereicherungen betreffen insbesondere Anfangsbuchstaben und Ober- und Unterlängen, aber auch die

Verbindungen einzelner Buchstaben.

Wer nicht übertrieben bereichert schreibt, kann für seine Umgebung eine echte Bereicherung sein.

Die Bereicherung offenbart einen jovialen, geduldigen, lebhaften, manchmal auch ausgelassenen Schreiber, dem es aber oft an Zielstrebigkeit und Durchhaltevermögen mangelt. Bleibt die Bereicherung in einem angemessenen Rahmen und ist das gesamte Schriftbild entsprechend, zeigt es z. B. Girlanden, betonte Ober- und Unterlängen sowie teigige Schrift, haben wir es mit einem warmherzigen Menschen zu tun.

Eine extreme Rechtsneigung der Schrift mit übermäßiger Bereicherung findet man häufig bei sehr leutseligen Personen, die ständig reden, laut lachen und die Hinwendung zum Du derart übertreiben, dass ihre Nähe und Anwesenheit auf Dauer wenig geschätzt werden.

Hohes Formbild und Bereicherung

Mit der Bereicherung gibt uns der Schreiber einen Einblick in seine Psyche. Bei hohem Formniveau weist die Bereicherung auf Phantasie und Gedankenfülle hin. Man will etwas darstellen, die Gedanken sollen nicht nur in schnöden Worten ausgedrückt, sondern im wahrsten Sinn des Wortes auf dem Papier anschaulich werden. Man schreibt in Bildern und drückt damit die Freude am Leben aus.
Ideenreichtum und Kreativität sind nur zwei der wesentlichen Merkmale der Schriftbereicherung bei hohem Formniveau. Der Schreiber hat einen Sinn für Formen und Farben. Er nimmt die Umwelt mit allen fünf Sinnen stärker als andere auf, erlebt Dinge intensiver und drückt seine Erfahrungen dementsprechend aus.
Bereicherungen werden aber auch häufig von so genannten Lebenskünstlern benutzt, die es verstehen, sich auf eine charmante, offene Art durchs Leben zu schlagen. Ihnen ist es gleich, was die anderen von ihnen denken. Sie leben, wie sie es für richtig halten, und lassen sich durch niemanden von ihrer Lebensweise abbringen. Sie zeigen eine auffallende psychische Beweglichkeit. Depressionen und Melancholie sind ihnen weitgehend fremd. Sie genießen das Leben, wenn möglich, in vollen Zügen.

Ein hohes Formbild mit bereicherten Buchstaben weist oft auf Menschen hin, die das Leben in vollen Zügen genießen können.

Niedriges Formbild und Bereicherung

Anders verhält es sich bei falsch platzierten Bereicherungen oder Bereicherungen innerhalb eines niedrigen Formniveaus. Hier will der Schreiber offensichtlich gefallen, er plustert sich auf wie ein Pfau, seine Eitelkeit ist unübersehbar. Eine weitere Deutungsmöglichkeit kann aber auch Umständlichkeit im Denken und Handeln sein.

Übertriebene Formveränderungen

Vorsicht ist geboten bei stark übertriebenen Bereicherungen oder Formveränderungen, besonders augenfälligen Verzierungen und Schnörkeln oder häufigen Einrollungen und starker Linksläufigkeit der Oberlängen.

Diese Merkmale einer Handschrift könnten eine bereits fortgeschrittene Geisteskrankheit anzeigen:

- Auffällige Formveränderungen oder -übertreibungen: Hysterie, die sich in zahlreichen psychischen und physischen Symptomen wie extrem gesteigertem Geltungsbedürfnis, Egozentrik und einem besonderen Bedürfnis nach Anerkennung oder auch in unkontrollierbaren Phobien äußert
- Augenfällige, seltsame Verzierungen und unklare Schnörkel oder Einrollungen: Schizophrenie, u.a. mit den Symptomen Wahnvorstellungen, Halluzinationen, Affektstörungen
- meist große Schrift mit merkwürdigen Anfangsübertreibungen und extrem vielen Kurven: Manie, die sich u.a. in ungewöhnlicher Antriebssteigerung, vegetativen Funktionsstörungen äußert und oftmals von einem Augenblick zum nächsten in Depression, auch mit Suizidgefährdung, umschlägt

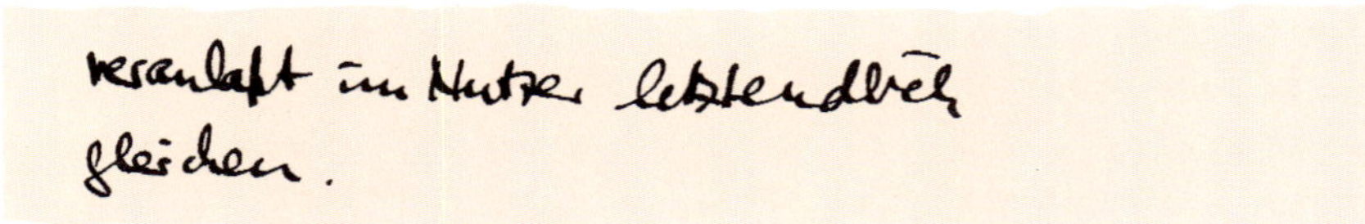

Mögliche Bedeutungen: Kreativität, Produktivität, Einfallsreichtum, psychische Beweglichkeit, Lebenskünstler, Liebe zum Schönen, Warmherzigkeit, Gutmütigkeit, Offenheit, Freundlichkeit, Zuverlässigkeit, Umständlichkeit, Pedanterie, Eitelkeit, Theatralik, Geschwätzigkeit, Selbstverherrlichung, Langsamkeit, Geisteskrankheit

Geistige und psychische Störungen wie Hysterie, Schizophrenie und Depressionen lassen sich relativ leicht an Formveränderungen oder -übertreibungen erkennen.

Fülle

Wenn wir von Fülle sprechen, dann sehen wir in einer Schrift folgende Merkmale: In der Mittelzone finden wir große, üppige, in die Breite gedehnte Buchstaben; tiefe, stark verwurzelte, pralle Unterlängen mit betont runden Schleifen an j, g und y zeigen sich in der Unterzone und schließlich sind in der Oberzone volle Oberlängen mit ebenfalls auffällig runden Schleifen an d, h, f und l erkennbar.

Hohes Formbild

Dabei stehen die fülligen Oberlängen – bei hohem Formniveau – für Ideen- und Phantasiereichtum, die volle, ausgedehnte Mittelzone für starkes emotionales Empfinden und ein ausgeprägtes Selbstbewusstsein mit starker Ichbezogenheit. Die prallen, runden Unterlängen zeigen sexuelle Erfüllung und materielle Interessen, wobei sexuelle Erfüllung nicht gleichzusetzen ist mit Triebhaftigkeit oder der Neigung zu Ausschweifungen. Materielle Interessen bedeuten hier nicht unbedingt, dass jemand nach Reichtum strebt, sondern dass er ein finanziell gesichertes Leben führt oder führen will.

Nur wer sich selbst liebt, kann auch andere lieben. Ein hohes Formbild deutet auf ein harmonisches Verhältnis zwischen dem Ich und dem Du hin.

Das persönliche Empfinden ist bei solchen Personen besonders stark, sie leben und wollen erleben. Das tägliche Einerlei, das Eingebundensein in feste Normen ist ihnen ein Gräuel. Im Gegensatz zur kleinen Schrift mit geringen Ober- und Unterlängen und Druckschwäche, die von Ängstlichkeit und Isoliertheit zeugt, haben wir es hier mit Menschen zu tun, die im wahrsten Sinn des Wortes aus dem Vollen schöpfen, deren Lebens- und Erlebnishunger scheinbar unbegrenzt ist. Sie lassen sich nur ungern Vorschriften machen, legen bisweilen eine übertriebene Dominanz an den Tag, sind dabei aber selten verletzend, da nicht nur die eigene Person einen hohen Stellenwert einnimmt, sondern auch andere Menschen geachtet und respektiert werden. Vieles wird aus dem Bauch oder dem Herzen heraus gemacht, der Verstand kommt meistens zu kurz.
Optimismus und innere Zufriedenheit gehören häufig zur Persönlichkeit eines Menschen mit fülliger Schrift. Meist kommen noch Eigenschaften wie Kreativität und Originalität sowie Genussfähigkeit hinzu.
Eine volle Schrift, die zudem noch durch Girlanden in der Mittelzone besticht, lässt auf einen warmherzigen, seinem Nächsten wohlgesinnten Menschen schließen.

Mögliche Bedeutungen: Bildhaftes Denken, Emotionalität, in sich ruhend, Warmherzigkeit, Weichheit (nicht zu verwechseln mit Laschheit!), Genussmensch, sentimental, geistig wie körperlich anspruchsvoll, Ausgewogenheit zwischen Ich und Du, phantasievoll, ideenreich, den schönen Dingen gegenüber aufgeschlossen, selbstbewusst

Magerkeit

Bei der mageren Schrift finden wir meist scharfe Buchstabenformen, die ausdrücken, dass Vernunft und Logik über Herz und Bauch (Intuition) triumphieren. Im Gegensatz zur vollen Schrift mit ihrer Emotionalität und Sinnenfreude werden hier Gefühle und Emotionen unterdrückt oder gar vermieden.

In der Magerkeit einer Schrift spiegelt sich auch die Magerkeit der Gefühle wider. Emotionen werden häufig unterdrückt.

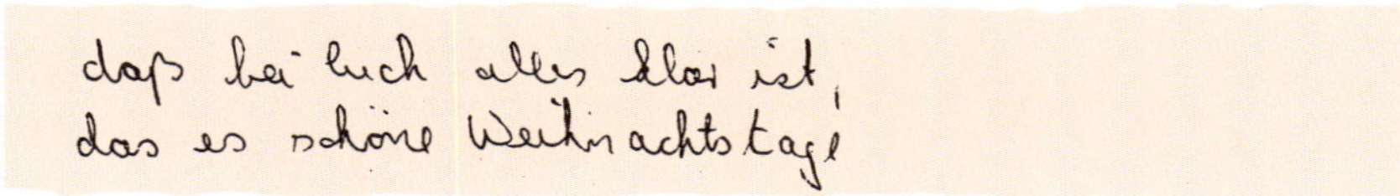

Ist eine magere Schrift dazu noch winkelbetont und damit noch schärfer, zeugt dies von einem scharfen Intellekt. Dieser wirkt sich so aus, dass der Schreiber nicht alles als gegeben hinnimmt, sondern den Dingen auf den Grund gehen will und nicht selten zu herber Kritik neigt. Die magere Schrift hat nichts Warmes, Mitmenschliches, sie wirkt kühl bis kalt, nüchtern und bisweilen sogar misanthropisch.

Magere Schrift und hohes Formbild

Der hinter einer scharfen Schrift mit hohem Formniveau steckende scharfe Verstand strebt ein objektives Urteil an. Die Denkweise ist abstrakt, der Schreiber ist vorsichtig bis misstrauisch-zurückhaltend und versucht, eine Barriere zwischen sich und anderen zu errichten. Er will ausdrücken, dass man ihm nicht zu nahe kommen soll. Wenn einer den ersten Schritt macht, dann er. Er ist nur dann großzügig im Denken und Handeln, wenn er sich davon einen Vorteil verspricht.
Eine magere, klare Schrift mit hohem Formniveau findet sich häufig bei nüchtern denkenden Wissenschaftlern und Analytikern, die rein kopfgesteuert ihre Arbeit verrichten müssen. Sie können es sich nicht leisten, Intuition und Herz einfließen zu lassen. Das bedeutet aber nicht unbedingt, dass diese »Kopflastigkeit« auch den Bereich des Privatlebens erfasst, wo diese im Beruf sonst nüchternen Personen warm und offen sein können.

Wissenschaftlich-analytische Tätigkeiten, bei denen es auf einen scharfen, kühlen Intellekt ankommt, liegen einem Schrifteigner mit magerer Schrift.

Anders als bei der »lachenden« Fülle herrscht bei einer mageren Schrift Ernsthaftigkeit vor, die bis zur völligen Humorlosigkeit gehen kann. Phantasie und Kreativität vor allem im künstlerischen Bereich sind nur sehr selten zu finden, es sei denn, die Magerkeit wird kompensiert durch betonte, nicht zu spitze Ober- und Unterlängen und Girlanden.

Viele bittere, vom Leben enttäuschte Menschen schreiben mager bei gleichzeitig niedrigem Formniveau. Die Vergangenheit ist ihnen wichtiger als die Gegenwart.

Scharfe Schrift mit niedrigem Formbild

Bei scharfer Schrift mit niedrigem Formniveau wird man meist vergeblich nach Kraft und Mut suchen, stattdessen findet man Ängstlichkeit und Hemmungen, Unsicherheit und die Unfähigkeit, anderen Wärme zu schenken. Diese Menschen sind zu sehr mit sich selbst beschäftigt, um noch Raum für andere zu haben. Ihr Leben dreht sich meist um die Vergangenheit, die sie wie eine Bürde mit sich herumtragen.
Viele mager Schreibende sind vom Leben enttäuscht und desillusioniert. Sie haben keine Hoffnung mehr, ihre ganze Geisteshaltung ist pessimistisch. Sie träumen nicht mehr von einem besseren, befreiten Leben. Diese Menschen leiden häufig an großer innerer Einsamkeit, sie schöpfen nicht aus dem vollen Topf, den das Leben ihnen bietet.

Die Magerkeit einer Schrift und der dahinter stehenden Persönlichkeit spiegelt sich auch oft in den Gesichtszügen des Schrifteigners wider.

Mögliche Bedeutungen: Scharfer Verstand, kritisch, desillusioniert, kühl bis kalt, nüchtern, humorlos, misanthropisch, blutleer, abstrakt, asketisch, ehrgeizig, unbefriedigt, ohne große Gefühlsschwankungen, innerlich einsam, isoliert lebend, Kraftlosigkeit, Ängstlichkeit, Unsicherheit

Anfangsbetonung

Einen besonderen Stellenwert in der Graphologie haben die Anfangs- und Endzüge einer Schrift. Die Anfangsbetonung spiegelt das Ich wider, während die Endbetonung das Du und das Zugehen auf die Umwelt symbolisiert.

Ob ein Mensch selbstbewusst ist oder nicht, zeigt sich in den Anfangsbetonungen der Buchstaben.

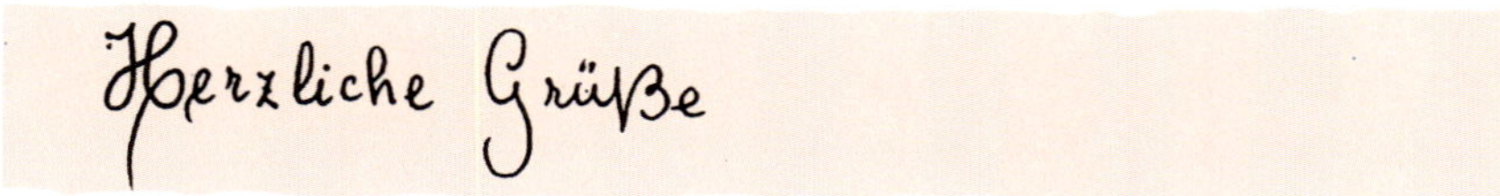

Der Anfangsbuchstabe verrät uns etwas darüber, wie der Schreiber sich selbst sieht, wie er sich in Gesellschaft verhält, ob er seinen Auftritt pompös gestaltet oder fast unbemerkt von den anderen sich unter die Menge mischt. Dieser Buchstabe zeigt, ob der Schreiber offen auf andere zugeht oder darauf wartet, dass er angesprochen wird. Kaum ein anderes graphologisches Merkmal zeigt deutlicher, wie es um das Selbstbewusstsein des Schreibers bestellt ist.

Bereicherter Anfangsbuchstabe

Eine Bereicherung des großen Anfangsbuchstabens  zeigt, dass der Schreiber sich selbst in den Mittelpunkt stellt, dass er die Aufmerksamkeit auf sich ziehen möchte. Er ist auch überzeugt, diese Aufmerksamkeit zu verdienen. Hier finden wir Geltungsbedürfnis und den Drang nach Selbstdarstellung. Bei besonders vollen und breiten Initialen haben wir es mit einem sehr selbstsicheren, bodenständigen Menschen zu tun, der überzeugt ist, zu Besonderem berufen zu sein, und diese Überzeugung auch mit dem notwendigen Nachdruck vertritt.

Isolierter Anfangsbuchstabe

Steht der Großbuchstabe isoliert , obgleich eine Verbindung zum folgenden Buchstaben leicht möglich wäre, dann haben wir einen Individualisten vor uns, der sich nur ungern etwas sagen lässt und beharrlich seinen Weg verfolgt, ganz gleich, was andere von ihm halten. Die Meinung anderer schert ihn wenig, er weiß, was er will und kann. Seine Distanziertheit zur Umwelt lässt ihn leicht arrogant erscheinen, was jedoch häufig jenen nachgesagt wird, die gegen den Strom schwimmen und sich nicht wie Lemminge verhalten.

Übertrieben stark betonte, isolierte Anfangsbuchstaben sollen oft etwas vorgaukeln, was nicht vorhanden ist.

Durch Anfangsbetonungen zeigt der Schreiber häufig nicht nur, dass Äußerlichkeiten ihm viel bedeuten, sondern er will außerdem Eindruck schinden und die Botschaft ausdrücken: »Seht her, hier bin ich, wer kann mir schon das Wasser reichen!«

Vorsicht ist jedoch geboten bei besonders verschnörkelten, isoliert dastehenden Anfangsbetonungen , da dies von Selbstüberschätzung und Realitätsferne zeugt. Der Schreiber will damit den Eindruck einer selbstsicheren, von sich überzeugten Person erwecken. In Wirklichkeit steht dahinter oftmals ein labiler, mit Minderwertigkeitskomplexen beladener Mensch. Er weiß zwar in etwa, wo seine Schwachpunkte liegen, aber aufgrund bestimmter psychischer Labilität ist er nicht in der Lage, diese auszumerzen.

Mögliche Bedeutungen: Geltungsbedürfnis, Neigung zur Selbstdarstellung, Stolz, eitel, stark auf Äußerlichkeiten bedacht, übersteigertes Selbstbewusstsein, Selbstüberschätzung, psychische Labilität, Egoismus, anmaßend, Realitätsferne, Distanz zur Umwelt, gegen den Strom schwimmen

Unterbetonte Anfangsbuchstaben

Das Gegenteil zur Anfangsbetonung ist die Anfangsunterbetonung bzw. die Vernachlässigung der Anfangsbuchstaben. In diesem Fall werden die

Großbuchstaben übertrieben klein und sehr schmal geschrieben: 

In diesem Fall haben wir es mit einer bescheidenen, unterwürfigen Person zu tun, die wenig Eigeninitiative oder Mut aufbringt, die vermeintlich vom Leben im Stich gelassen wurde und auch keine großen Erwartungen mehr an die Zukunft hat. Die Ansprüche sind auf ein Minimum geschrumpft. Unter Umständen handelt es sich sogar um einen Menschen, dem in der Vergangenheit großes Leid oder Unrecht widerfahren ist. Dann ist diese Anfangsunterbetonung ein Zeichen von Ängstlichkeit oder Angst, etwas falsch zu machen, weil man die Strafe fürchtet – die Minderwertigkeitskomplexe sind unübersehbar. Auch ein Mangel an Ehrgeiz ist häufig zu attestieren. (Dies hängt jedoch wie immer vom Gesamtschriftbild ab.)

Mögliche Bedeutungen: Bescheidenheit, Unsicherheit, Unterwürfigkeit, wenig Eigeninitiative, Mutlosigkeit, Minderwertigkeitskomplexe, Lebensangst, Furcht, traumatische Erlebnisse in der Vergangenheit, mangelnder Ehrgeiz, Unsicherheit, nicht auffallen wollen

Übertrieben klein und schmal geschriebene Großbuchstaben zeugen meist von Angst und starken Minderwertigkeitskomplexen.

Endbetonung

Die Anfangsbetonung spiegelt das Ich wider. Sie drückt aus, wie sich jemand darstellt und welchen Stellenwert er/sie sich in der Gesellschaft zumisst. Die Endbetonung hingegen zeigt, wie der Schreiber es mit seiner Umwelt hält, wie er zu seinen Mitmenschen steht, wie und ob Wünsche und Erwartungen umgesetzt werden oder ob die Person in einer Welt voller Träume und Illusionen lebt. Die Endzüge können sich durch vielerlei Betonungen unterscheiden wie etwa Druckstärke, Größe, Spitzen oder Haken, Verlängerung, Weite oder einfach dadurch, dass sie abrupt enden und daher wie abgebrochen erscheinen. Sie sagen uns etwas über die Gewissenhaftigkeit des Schreibers und seine Entschlossenheit, sie zeigen, inwieweit er den Kontakt zum Du sucht, ob er hartnäckig seine Ziele und Vorhaben verfolgt, ob er sorgfältig oder eher sorglos agiert, ob er bedächtig oder leichtsinnig oder ein Blender und Täuscher ist.

Manche Wortenden schwingen sanft aus, manche wirken nach vorhergehender Druckbetonung geradezu kraftlos, als ob der Schreiber zwar ein klares Ziel vor Augen hat, am Ende aber daran zweifelt, dieses auch zu erreichen. Diese Kraftlosigkeit symbolisiert mangelnde Entschlossenheit und Zähigkeit sowie Mutlosigkeit. Solche kraftlosen Endzüge weisen häufig auf eine Person, die schon vieles probiert, aber nichts zu Ende gebracht hat. Das Durchhaltevermögen ist nur mangelhaft ausgeprägt.

Obgleich die Endungen eine wesentliche Rolle in der Deutung spielen, muss doch immer das Gesamtschriftbild herangezogen werden.

Unterschiedliche Endungen

Wirken die Endungen wie abgebrochen , dann ist die Hinwendung zum Du eher aufgesetzt. Eigentlich haben wir es hier mit einer abweisenden, distanzierten Person zu tun, die mehr auf das Ich fixiert ist als auf das Gegenüber. Unter Umständen handelt es sich aber auch um jemanden, der bindungsunfähig ist, der das schnelle Abenteuer sucht, aber sich nicht festlegen möchte.

- Sind die Wortendungen kleiner als die restlichen Buchstaben , dann weist dies auf diplomatisches Geschick, Einfühlungsvermögen, im umgekehrten Fall aber auch auf einen vorsichtigen, bisweilen sogar feigen Charakter hin.
- Scharfe Spitzen 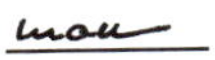 am Ende zeugen von Härte, mitunter von einem Hang zu Brutalität, in jedem Fall aber von Rechthaberei.
- Endgirlanden  zeugen positiv ausgeprägt von Selbstlosigkeit, Einfühlungsvermögen und Liebenswürdigkeit. Die passive Bedeutung sind Abhängigkeit und das Sichergeben in das Schicksal.
- Fallen die Endbuchstaben unter die Zeile 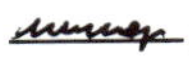, so deutet dies auf starke psychische Labilität hin, auf Depressionen und unter Umständen sogar auf Suizidgefährdung.

Gerade im Bereich der Anfangs- und Endbetonungen sind die Deutungsmerkmale derart umfangreich, dass man grundsätzlich immer das Gesamtschriftbild heranziehen muss, um bestimmte Charakteristika genau zu definieren.

Mögliche Bedeutungen: Betont: Selbstlosigkeit, mangelndes Einfühlungsvermögen, Forschheit, Härte, Stärke, Durchsetzungsvermögen, Misstrauen,

Willensstärke, Kritik, Schärfe, Entschlossenheit, Zähigkeit, Ironie, Rechthaberei, Brutalität
Unterbetont: Einfühlungsvermögen, Diplomatie, mangelndes Durchhaltevermögen, abweisend, bindungsunfähig, distanziert, psychische Labilität, kraftlos, leichtsinnig, Blender, Unterwürfigkeit, Feigheit, Vorsicht

Lockerheit in der Schrift weist meist auf einen Schrifteigner hin, der mit einer gewissen Sanftheit und Geschmeidigkeit durchs Leben geht.

Lockerheit

Eine lockere Schrift wirkt gelöst und besticht durch runde Formgebung. Hingegen kommen scharfe Winkel, Spitzen und Haken sowie Arkaden nicht oder nur sehr selten vor. Der Schreibrhythmus wirkt geschmeidig

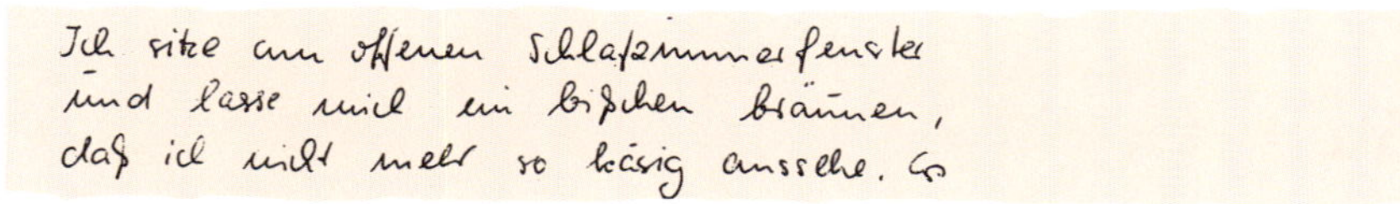

und sanft, die Bewegungen sind weich. Hier erkennt man, dass der Schreiber mit Leichtigkeit durchs Leben geht. Lockerheit im Umgang

Eine angeborene Lockerheit im Umgang mit anderen und ein Talent für die Leichtigkeit des Seins sind Personen mit einer lockeren Schrift häufig eigen.

mit anderen ist selbstverständlich und offensichtlich angeboren. Eine lockere Schrift verrät Elan und Flexibilität und ein gewisses Maß an Altruismus.
Allerdings gibt es auch scheinbar lockere Schriften, die bei genauerem Hinsehen nicht wirklich ungezwungen sind, sondern eher gekünstelt wirken. Hier haben wir es mit unruhigen, willensschwachen Personen zu tun, die sich leicht ausnutzen lassen. In der Regel jedoch gilt, dass eine lockere Schrift von einem unkomplizierten Charakter zeugt, von Flexibilität und Kreativität.

Mögliche Bedeutungen: Flexibilität, Anpassungsfähigkeit, Kreativität, Elan, Antriebsstärke, Einfachheit, frei von Hemmungen, unkompliziert, Unruhe, Oberflächlichkeit, Ausnutzbarkeit, Laschheit, Willensschwäche

Steifheit

Im Gegensatz zur lockeren Schrift, die ungezwungen und rund ist, zeugt Steifheit von innerer Spannung und Zwängen. Die Merkmale dieser Schrift sind meist harte, winklige Züge, scharfe Kanten und Spitzen sowie Unregelmäßigkeit und Langsamkeit. Bisweilen wirkt die Schrift eckig und holprig, manchmal auch zittrig.

Hinter einer steifen Schrift finden sich häufig Unsicherheit, aber unter Umständen auch ein Suchtproblem.

Hinter Steifheit stehen meist mangelnde Vitalität, Unsicherheit, Minderwertigkeitsgefühle und psychische Labilität. Eine eckige, holprige oder zittrige Schrift findet sich häufig bei Alkohol-, Drogen- und Tablettenabhängigen (siehe auch »Langsame Schrift«, Seite 79).

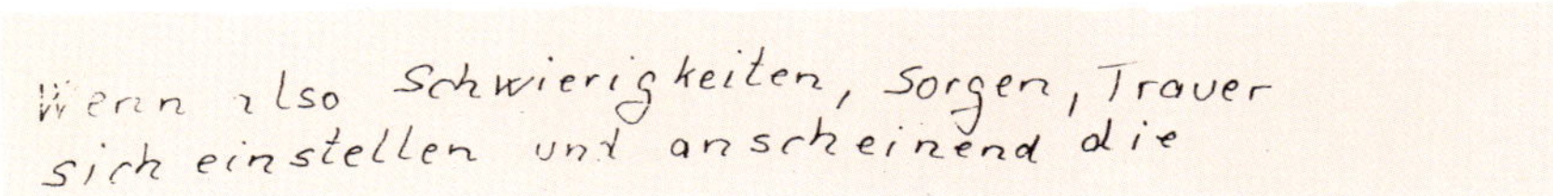

Das mangelnde Selbstvertrauen und Durchsetzungsvermögen verhindern, dass der Schreiber locker und gelöst auftreten kann; er fühlt sich immer minderwertiger als andere, obgleich er sich gerne durchsetzen würde, doch eine innere Barriere hindert ihn daran, diesen Wunsch auch umzusetzen. Stattdessen frisst er seinen Ärger und seine Ohnmacht in sich hinein, wird dadurch immer verkrampfter, was sich letztlich in seiner Schrift widerspiegelt.

Anders verhält es sich bei einer regelmäßigen, steifen Schrift, die ihren Ursprung meist in der Erziehung hat. Hier handelt es sich um Personen, die eine bestimmte Ordnung in ihrem Leben gefunden haben, die sich selbst disziplinieren können und sehr auf Förmlichkeit bedacht sind und die mitunter eine ausgeprägte Pedanterie an den Tag legen.

Ein steifer, pflichtbewusster und pessimistischer Mensch wird niemals eine lockere Schrift aufweisen.

Steifheit zeugt außerdem von einer resignativen Lebenseinstellung, im Extremfall erwartet man immer das Schlimmste; die Zukunft ist ein düsterer Horizont voller Fallen und schlechter Nachrichten, was den Schreiber ängstlich alles Kommende erwarten lässt. Von einer optimistischen Einstellung fehlt jede Spur, dafür ist Pessimismus schon fast zu einer Lebensphilosophie geworden.

Mögliche Bedeutungen: Selbstdisziplin, Eigenwilligkeit, Pflichtbewusstsein, Korrektheit, Pedanterie, psychische Labilität, Minderwertigkeitskomplexe, Nervosität, Ungeduld, Pessimismus (immer das Schlimmste erwartend), Verkrampfung

Die Unterschrift

In der Unterschrift stellt der Schreiber sich selbst dar. Er zeigt, wie groß oder klein sein Selbstbewusstsein ist, ob er offen ist oder etwas zu verbergen hat, selbst Merkmale wie potenzielle Suizidgefährdung lassen sich mitunter aus einer Unterschrift herauslesen. In keinem Teil der Schrift finden sich derart viele Merkmale der sonstigen Schrift in konzentrierter Form. Da die Deutung von Unterschriften sehr vielschichtig und umfassend ist, können im Rahmen dieses Buches nur ein paar wenige richtungweisende Hinweise zur Einschätzung von Unterschriften gegeben werden.

Bei der Unterschrift kommt es vor allem auf die Größe bzw. auf die Kleinheit an, ob sie teigig oder druckschwach ist, voll oder mager. Aus ihr können wir erkennen, ob Intuition und Ehrgeiz, Diplomatie und Vitalität, Durchsetzungsvermögen, Minderwertigkeitskomplexe, innere

Verhärtung oder psychische und/oder physische Labilität vorhanden sind. Mit der Unterschrift verrät der Schreiber sein Ich: wie er sich selbst sieht, welche Kräfte oder Schwächen er hat, wie seine Hinwendung zum Du aussieht.

Die Unterschrift lügt nicht. Jeder unterschreibt so, wie er ist und wie er fühlt.

- Eine gut leserliche, flüssig geschriebene, mit der Textschrift und -größe übereinstimmende Unterschrift zeigt eine Person, die über ein normal ausgeprägtes Selbstbewusstsein verfügt und anderen nichts vormacht bzw. verheimlicht.
- Mit einer Unterschrift, die wesentlich größer als die Textschrift ist, will der Schreiber offensichtlich ein Selbstbewusstsein darstellen, das überhaupt nicht vorhanden ist. Kommen dazu noch Unleserlichkeit und Schnörkel, deutet dies auf Selbstüberschätzung hin.
- Eine der Textschrift gegenüber wesentlich kleinere Unterschrift zeigt eine Person, die offensichtlich unter mangelndem Selbstbewusstsein oder Minderwertigkeitskomplexen leidet.
- Eine stark nach unten fallende, enge Unterschrift deutet auf psychische Labilität, Depressionen und im Extremfall auf mögliche Suizidgefährdung hin.

Kein Merkmal der Schrift weist in so komprimierter Form aussagekräftige Details auf, wie die Unterschrift.

Elemente des Raumbildes

Das soziale oder gesellschaftliche Verhalten eines Menschen lässt sich recht deutlich im Raumbild einer Schrift erkennen, d. h. in der Art und Weise, wie die Schrift auf einem Blatt Papier verteilt ist. Im Raumbild sehen wir die Art und Weise, wie der Schriftautor sich seiner Umwelt (Mitmenschen) gegenüber verhält: ob er bereit ist, sich einzuordnen, oder ob er sich isoliert, welche Bedeutung die Mitmenschen für ihn haben, ob er sozial reif ist und inwieweit durch den Umgang mit seinen Mitmenschen eine Formung des Charakters stattgefunden hat.

Das Raumbild ist eines der wichtigsten Elemente in der Graphologie. Es zeigt, wie viel Nähe oder Distanz der Schreiber zu seinen Mitmenschen hat.

Schriftgröße

Die Schriftgröße wird sowohl an den Buchstaben der Mittelzone wie a, c, e, i, m, n, o etc. gemessen als auch an den Großbuchstaben. In der Regel spricht man von einer normal großen Schrift, wenn die Buchstaben der Mittelzone also etwa drei Millimeter, die Großbuchstaben zwischen sieben und neun Millimeter hoch sind.

Normal groß

Eine normal große Schrift verrät in der Regel eine Person mit normal ausgeprägtem sozialen Kontakt und einem normalen Selbstbewusstsein sowie einem ausgeglichenen Wesen.

Große Schrift

Reichen die Buchstaben der Mittelzone über diese hinaus und sind auch die der Ober- und Unterlängen größer als normal, sprechen wir von einer großen Schrift. Hier stößt man oft auf energiegeladene, sehr selbstbewusste Personen, die über ein hohes Maß an Begeisterungsvermögen verfügen; eine große Schrift kann aber auch auf Konzentrationsschwierigkeiten hinweisen.

»Großschreiber« hassen Enge oder Eingeengtsein. Sie stehen gern im Mittelpunkt und verfügen über ein Übermaß an Selbstbewusstsein.

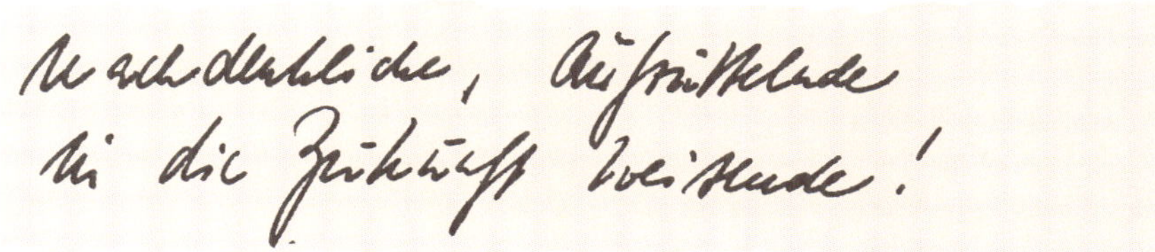

»Großschreiber« brauchen Platz, im Leben und auf dem Papier. Sie sind antriebsstark, wollen sich ausbreiten. Die Umwelt soll sehen, wie viel Kraft und Energie vorhanden ist. Oft ist keine klare Sicht der Realität vorhanden. Diese Schreiber vergessen, dass auch andere Menschen über besondere Fähigkeiten verfügen. Andere sind beim ersten Aufeinandertreffen womöglich unangenehm berührt ob der Durchsetzungskraft und des bestimmten oder bestimmenden Auftretens, das dem übergroßen Selbstbewusstsein und Selbstdarstellungstrieb entspringt. »Großschreiber« verfügen über einen großen Leistungswillen und Tatendrang. Sie wollen große Aufgaben bewältigen, mit Kleinigkeiten geben sie sich nicht zufrieden. Bei einer extrem großen Schrift besteht die Neigung zu arrogantem Verhalten, Selbstkritik ist nicht mehr vorhanden.
Handelt es sich um eine übergroße Winkelschrift, dann haben wir es möglicherweise mit jemandem zu tun, der nicht nur den direkten Weg auf der Karriereleiter nach oben sucht, sondern auch bereit ist, die Ellbogen einzusetzen, um Konkurrenten aus dem Weg zu räumen. Handelt es sich um eine druckschwache Schrift mit niedrigem Formniveau, dann haben wir eine Person vor uns, die gerne prahlt, hochmütig, überheblich und nicht selten unehrlich ist und anderen etwas vorgaukelt.

Mögliche Bedeutungen: Großzügigkeit, Vitalität, Durchsetzungsvermögen, Dominanz, Unternehmungsgeist, Weitblick, stark ausgeprägtes Selbstbewusstsein, Drang zur Selbstdarstellung, Autoritätsverhalten, Wichtigtuerei, Angeberei/Prahlerei, geringe Kooperationsbereitschaft, will als etwas Besonderes angesehen werden

Kleine Schrift

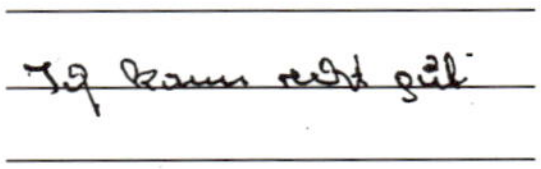

Klein

Eine eher kleine Schrift kann eine hohe Konzentrationsfähigkeit bedeuten, die häufig bei Wissenschaftlern und geistig tätigen Menschen erforderlich ist, bei Personen also, die mehr theoretisch als praktisch begabt sind. Eine kleine Schrift kann jedoch auch ein Zeichen von Bescheidenheit und sogar Ängstlichkeit sein. (Doch auch hier ist immer das gesamte Schriftbild zu betrachten.)

»Kleinschreiber« wollen nicht auffallen, sondern im Hintergrund bescheiden ihre Arbeit verrichten. Oft sind sie unsicher, was die eigene Person angeht, haben jedoch häufig einen ausgeprägten Sinn für die Realität. Nicht selten finden wir starke Minderwertigkeitsgefühle vor, das Gefühl von Unzulänglichkeit oder Angst.

»Kleinschreiber« halten sich eher im Hintergrund, sind meist realistisch, aber nicht selten mit Minderwertigkeitskomplexen behaftet.

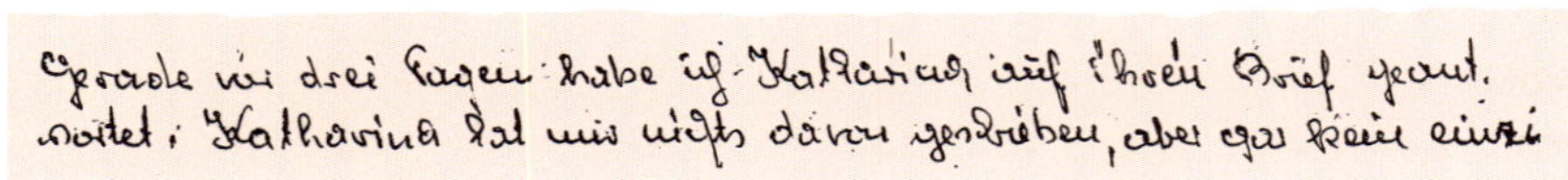

Hier handelt es sich um die Schrift einer Endvierzigerin, die sich ihrem Schicksal und ihrer Berufung gefügt hat, die weder nach innen noch nach außen aufbegehrt, sondern alles als von Gott gegeben hinnimmt. Ihre kleinen Buchstaben mit den geringen Zeilen- und Wortabständen zeigen Bescheidenheit und eine gewisse Introvertiertheit. Im Gegensatz zu dem Beispiel der großen Schrift haben wir es hier mit wesentlich geringerer Antriebskraft zu tun.

Die Schrifteignerin steht nicht gern im Mittelpunkt, Dominanz gehört nicht zu ihren Eigenschaften. Sie stellt sich zwar in den Dienst am Nächsten, tut dies aber nicht mit großen Reden und großem Gehabe, sondern eher still und leise. Sie will die Aufmerksamkeit nicht auf sich lenken, sondern von sich fern halten. Ihr Selbstwertgefühl ist nicht sonderlich ausgeprägt. Sie zweifelt ständig an ihrer eigenen Person und will es allen und jedem recht machen. Sie ist anspruchslos, unsicher und zurückhaltend. Ihre Ziele sind nicht besonders hochgesteckt, dafür verfolgt sie diese mit Beharrlichkeit und Ausdauer. Sie ist bemüht, ihr nahe stehenden Personen nicht weh zu tun, überhaupt ist ihr jede Form von Gewalt zuwider. Sie ist unparteiisch und loyal, aber auch skeptisch allem Neuen gegenüber.

Mögliche Bedeutungen: Bescheidenheit, Introvertiertheit, Unauffälligkeit, Vernunftdenken, Aufmerksamkeit, Vorsicht, Sensibilität, Ergebenheit, kritisches Betrachten der Umwelt und der eigenen Person, mangelnder Elan, Angst, mangelndes Selbstwertgefühl

Schriftlage

Bei der Beurteilung der Schriftlage verwenden wir die Begriffe »rechtsschräg«, »steil« und »linksschräg«. Manche Graphologen benutzen sogar einen Winkelmesser, um die Schriftlage genau bestimmen zu können. Doch ist diese Methode eher als zweifelhaft anzusehen, weil die Schriftlage häufig von der Sitzposition und der Haltung des Stiftes beim Schreiben abhängt.

Rechtsschräg

Eine normale rechtsschräge Schrift hat einen Winkel von etwa 70 Grad und zeugt u.a. von Kontaktfreudigkeit, Aufgeschlossenheit und Verbindlichkeit sowie Aktivität, Unternehmungslust und Offenheit. Bei der rechtsschrägen Schrift erkennen wir die Hinwendung zum Du. Sie symbolisiert Entgegenkommen, Aufeinanderzugehen, Weltoffenheit, Gefühl – hier regiert das Herz.

Wichtig: Anhand der Schriftlage allein lässt sich kein graphologisches Gutachten erstellen!

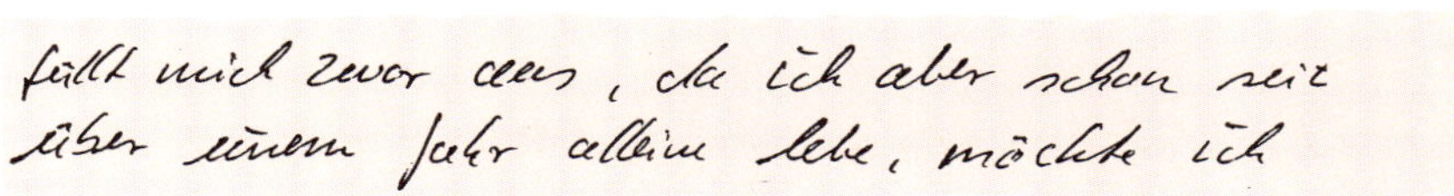

Bei gleichzeitig gut leserlicher Schrift mit angemessenen Wort- und Zeilenabständen und sanften Auf- und Abstrichen haben wir es mit einer Person zu tun, die sehr um das Wohl anderer bemüht ist und bisweilen

ihre Kräfte sogar überschätzt. Das eigene Wohlergehen wird oftmals in den Hintergrund gedrängt, eine Ausgewogenheit zwischen den eigenen Bedürfnissen und denen anderer ist dann in vielen Fällen nicht mehr gegeben. Solche Menschen sollten aufpassen, dass sie sich nicht zu sehr aufopfern, und lernen, mit ihren Kräften besser hauszuhalten.
Nicht immer ist der Neigungswinkel einer Schrift jedoch gleichmäßig rechtsschräg oder steil, sondern kann je nach Stimmung wechseln. Man spricht von einem innerlich ausgeglichenen, stabilen Menschen, wenn der Neigungswinkel unverändert bleibt.
Ist die Schrift jedoch extrem nach rechts geneigt – dabei teigig und winklig oder zerfahren –, so dass die Buchstaben fast waagrecht liegen, sozusagen den Boden berühren, dann haben wir es mit einer haltlosen, unbeherrschten, bisweilen sogar maßlosen Person zu tun.

Eine nach rechts geneigte Schrift zeigt in der Regel, dass der Schreiber offen ist und auf seine Mitmenschen zugeht.

Allerdings kann aufgrund der Schriftlage allein kein Urteil über die Persönlichkeit des Schreibers gefällt werden. Es kommt immer auch auf die anderen Merkmale wie Girlanden, Winkel, Arkaden, Verbundenheit, Unverbundenheit, Schriftgröße an. Eine genaue Beurteilung allein aufgrund der Schriftlage ist nicht möglich, sie ist lediglich ein Bestandteil des Gesamtschriftbildes.

Mögliche Bedeutungen: Dynamik, Extraversion, Natürlichkeit, Ungezwungenheit, Offenheit, Gewandtheit, Verbindlichkeit, Anpassungsfähigkeit, Beeinflussbarkeit, Leidenschaftlichkeit, Triebhaftigkeit, Jähzorn

Steilheit

Eine steile Schrift bedeutet in der Regel Selbstbeherrschung, Pflichtgefühl und Zurückhaltung. Im Gegensatz zur vom Herz regierten rechtsschrägen Schrift dominiert hier der Verstand.

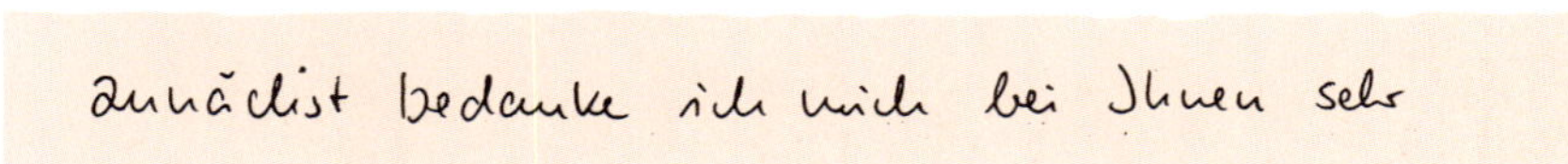

Steil schreibende Personen sind in der Regel nicht beeinflussbar. Hier handelt es sich häufig um stolze Menschen. Sie sind nicht wie die rechtsschräg Schreibenden dem Du zugewandt, sondern richten sich auf, um

damit ihre Anwesenheit zu demonstrieren und um den Überblick zu behalten. Sie sind um Selbstdisziplin und Geradlinigkeit bemüht. Das Aufrechte, Steile symbolisiert zudem, dass man allen Widrigkeiten zu trotzen bereit ist, dass man mit beiden Beinen nicht nur fest auf dem Boden steht, sondern sogar tief in ihm verwurzelt ist.

Bei der steilen Schrift dominiert meist der Verstand über das Gefühl.

Nicht selten offenbart die steile Schrift aber auch Gefühllosigkeit und Unnachgiebigkeit (vor allem bei winkliger Schrift). Diese Schriftautoren unterdrücken ihre Gefühle und Leidenschaften mit ihrem Verstand. Sie lassen große Gefühlsausbrüche oder Emotionen nicht zu, weil es sich nicht ziemt, weil man sich dadurch unter Umständen eine Blöße gibt und womöglich eine Angriffsfläche bietet oder sich etwas »vergibt«. Man ist, weil die Gefühle unterdrückt werden, praktisch unantastbar, lässt aus Gründen der Zurückhaltung und mangelnder Emotionalität nur schwer einen anderen an sich heran.

Ein Mensch mit steiler Schrift strebt Aufrichtigkeit und Geradlinigkeit an. Gelegentlich drückt sich darin aber auch ein Stolz aus, der sich keine Blöße geben möchte.

»Steilschreiber« sind häufig abwartend und misstrauisch. Sie lassen die Dinge allmählich auf sich zukommen und entscheiden im passenden Moment, ob etwas für sie gut ist oder nicht. Man ist reserviert und distanziert, häufig gehemmt, das Lachen ist gekünstelt. Man will keine Wagnisse eingehen, die Risikobereitschaft ist eher gering. Die einmal gewonnene Selbstständigkeit will man unbedingt behalten. Deshalb ist es für steil schreibende Personen nicht selten schwer, einen geeigneten Partner zu finden, der in der Lage sein muss, sie aus der Reserve oder, bildhaft ausgedrückt, aus der Höhle zu locken.

Mögliche Bedeutungen: Reserviertheit, Vernunftdenken, abwartend, unbeugsam, Festigkeit, Selbstständigkeit, Unabhängigkeit, Selbstdisziplin, Korrektheit, Aufrichtigkeit, gekünsteltes Gehabe, Einbildung

Wie eine Schrift mit übertrieben kleinen Großbuchstaben zeugt auch die linksschräge Schrift von Ängstlichkeit und Introversion.

Linksschräg

Wer linksschräg schreibt, ist eher zurückhaltend, introvertiert, stark ichbezogen (wesentlich stärker noch als der »Steilschreiber«), wenig kontaktfreudig oder -fähig. Der Blick ist weniger auf die Gegenwart und die Zukunft als auf die Vergangenheit gerichtet, wir spüren Ablehnung oder Abwehr.

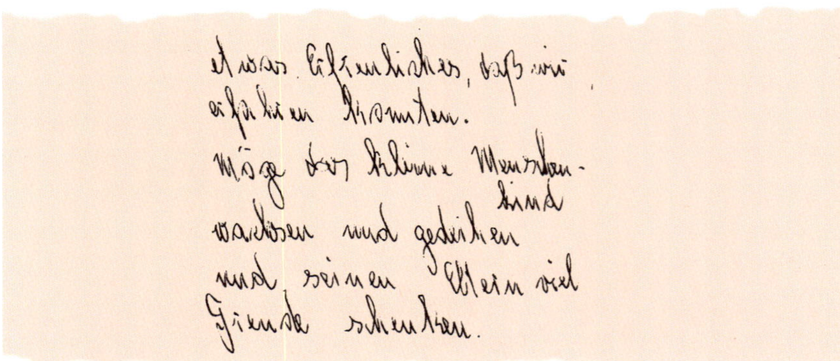

Die linksschräge Schrift deutet auch auf Ängstlichkeit und Distanz zu den Menschen, selbst im engsten Familienkreis. Nicht das Du ist wichtig, sondern das Ich. Unsicherheit wird durch Arroganz und bisweilen

auch Blasiertheit überspielt, wodurch sich diese Personen leicht ins gesellschaftliche Abseits begeben.
Häufig haben solche Personen Angst vor festen Bindungen. Sie wollen sich nicht festlegen, sondern sehen immer erst das Negative. Sie befinden sich in einem ständigen Kampf mit sich selbst und dadurch auch mit ihrer Umwelt, auch wenn dies nicht unbedingt in direkten Konfrontationen enden muss, da diese Menschen ja eher unnahbar sind und direkten Konflikten lieber aus dem Weg gehen. Sie hadern gern und oft mit ihrem Schicksal, erwarten nicht unbedingt Gutes von der Welt, brauchen ihre Ruhe, suchen aber, vor allem wenn die Schrift nicht einheitlich linksschräg ist, sondern auch steile Züge aufweist, insgeheim nach Wegen aus ihrer selbst gewählten Isolation.
Bei linksschräger Schrift gilt es zu beachten, wie die Buchstaben geformt sind ob die linksschräge Schrift in der Mittelzone eher Girlanden, Arkaden oder Winkel aufzeigt, wie die Wort- und Zeilenabstände sind und vor allem, ob es sich nur um eine leichte Linksneigung handelt oder um eine extreme, die uns einen absolut unnahbaren, so sehr unter sich selbst leidenden Menschen zeigt, dass er nicht mehr »aufschaut« und keinen Blick mehr für andere hat.

Eine linksschräge Schrift mit einem Anteil an steilen Zügen deutet auf eine Person hin, die sich aus der zum Teil selbst gewählten Isolation befreien möchte.

Mögliche Bedeutungen: Grundsätzliche Ablehnung, Gefühl von Unzugänglichkeit, Unsicherheit, Abkapselung, sich nicht fallen lassen können, Unnatürlichkeit, Distanziertheit, Verbohrtheit, Verteidigungshaltung, Sturheit, Arroganz, Unfähigkeit, sich anzupassen, innere Konflikte, Unruhe, schnelle Ermüdung

Enge und weite Schrift

Hier gilt für den Graphologen, aufgrund des Gesamtschriftbildes intuitiv zu erkennen, ob eine Handschrift in Relation zur Schriftgröße eng oder weit oder gar besonders eng oder besonders weit ist. Wenn Sie sich zum einen auf Ihre Intuition verlassen und gleichzeitig logisch an die Schriftanalyse herangehen, werden Sie sehr schnell in der Lage sein, eine Schrift als eng, weit oder normal einzustufen.

Enge Schrift

Diese Schrift signalisiert, dass der Schreiber sich gut konzentrieren kann und sich eher passiv verhält. Er verfügt über ein großes Maß an Selbstbeherrschung, aber auch Zurückhaltung und Zögerlichkeit sind ihm eigen. Die enge Schrift verrät Vorsicht (vor allem im Umgang mit anderen) und statt Offenheit und Kontaktfreudigkeit (wie beim »Weitschreiber«) eher die Neigung, sich zurückzuziehen.

Je enger und schärfer die Schrift, desto misstrauischer, unnahbarer und pedantischer ist der Schreiber. Sein Vertrauen ist nur schwer zu gewinnen, weil er sein »enges« Leben nicht aufgeben möchte.

Sind außer der Enge keine weiteren, besonders auffälligen Merkmale ersichtlich, die die Enge wenigstens teilweise kompensieren könnten – etwa große Ober- und Unterlängen, Girlanden oder ein hohes Formniveau mit großzügigen Wort- und Zeilenabständen und normalen Rän-

dern –, dann haben wir es mit jemandem zu tun, der ständig misstrauisch oder ängstlich seine Umwelt betrachtet, aber auch eine gewisse Engstirnigkeit zeigt. Risikobereitschaft wird man bei solchen Personen kaum finden, da sie jeden ihrer Schritte sorgfältig abwägen. Jeden Vertrag studieren sie auf das genaueste, bevor sie ihn unterschreiben, lassen sich nicht von schmeichlerischen Worten einlullen, sondern möchten erst die absolute Gewissheit haben, dass sie auch nicht »übers Ohr gehauen« werden. Spontaneität ist ihnen fremd, Kontakte werden sie nur schwer schließen können. Entscheidungen werden oft aufgeschoben, bis auch der letzte Rest Misstrauen aus dem Weg geräumt ist. Vorsicht ist ihr ständiger Begleiter, das Selbstbewusstsein ist nicht sonderlich stark ausgeprägt. Eng schreibende Menschen denken und handeln in der Regel langsam und bedächtig, aus Angst, etwas Falsches zu tun. Pedanterie und übertriebene Ordnungsliebe findet man häufig bei ihnen, genau wie die Ehrfurcht und manchmal auch Furcht vor Autoritäten.

Eng schreibende Personen ziehen sich zurück. Ängstlichkeit und Vorsicht bestimmen ihr Leben. Sie sind ständig dabei, sich selbst zu beobachten. Sie versuchen oft sogar, die volle Kontrolle über ihre Gedanken und Gefühle zu erlangen. Nicht nur ihre Schrift hat etwas Unnahbares,

auch diese Menschen sind meist unnahbar. Nicht selten findet man bei ihnen Merkmale wie Wehleidigkeit oder hypochondrisches Verhalten, resultierend aus der ständigen Selbstbeobachtung.
Einmal gesteckte Ziele werden nicht mit ausgreifenden Schritten angesteuert, sondern in kleinen, bedächtigen, unsicheren. Der »Engschreiber«, vor allem aber jemand, der sehr eng schreibt und dabei auch noch ein kleines Schriftbild mit verkümmerten Ober- und Unterlängen und geringen Wort- und Zeilenabständen aufweist, befindet sich in einem permanenten Zustand von Furcht, Unfreiheit und Eingeengtheit. Auch wenn man diese psychischen Bürden gerne loswerden würde, so sind es letztlich die Antriebsschwäche und oft auch mangelnde Vitalität, die diesen Wunsch nicht Realität werden lassen.
Solche Menschen brauchen viel Entgegenkommen und Verständnis, um allmählich ihre oft über Jahre aufgebauten Blockaden zu durchbrechen und sie dadurch aus ihrer Isolation zu befreien.

Sie sollten auch darauf achten, ob nicht nur die Schrift, sondern auch die Wortabstände sehr eng sind und ob die Buchstaben gleichzeitig sehr klein oder eher groß sind.

Besonders enge Schrift

Wenn gleichzeitig auch die Schriftgröße entsprechend klein ist, bedeutet dieser Schrifttyp, dass der Schreiber zu Geiz, extremer Vorsicht, mangelnder Entschlussfreudigkeit, Zögerlichkeit im Handeln und Unaufrichtigkeit neigt. Ist die sehr enge Schrift jedoch hoch, kann davon ausgegangen werden, dass der Schreiber zwar auch einige der oben genannten Merkmale aufweist, aber schnell handelt und sich für ihn vorteilhafte Geschäfte nicht entgehen lässt.
Sind die Zwischenräume zwischen sehr eng geschriebenen Wörtern groß, dann haben wir es mit einer Person zu tun, die weder kleinlich noch geizig handelt – auch wenn die Schriftenge dies zunächst vermuten lässt; vielmehr sind sie in diesem Fall als Zeichen der Suche nach innerer Ordnung zu sehen.
Mögliche Bedeutungen: Starke Konzentrationsfähigkeit, Zuverlässigkeit, Zurückhaltung, Angst, Misstrauen, mangelndes Selbstvertrauen, Geiz, geringe Entschlussfreudigkeit, Zögerlichkeit, Unaufrichtigkeit, innere Fesseln, Verschlossenheit, Antriebsschwäche, mangelnde Vitalität, Steifheit

Normale Schrift

Die normale Schrift ist im Gegensatz zur engen oder weiten Schrift schwer definierbar, da nicht eindeutig ist, was »normal« und »unnormal«

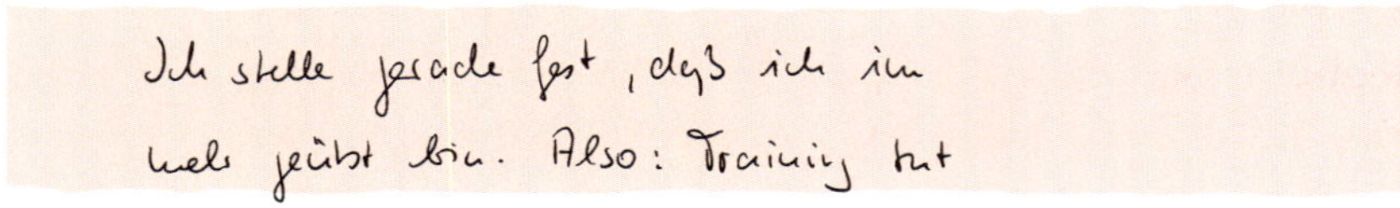

ist und die Definition auch vom Betrachter abhängt. Bestimmte Wesensmerkmale lassen sich aus einer normalen Schrift kaum herauslesen, da es, wie bereits erwähnt, die normale Schrift als solche nicht gibt.
Es kann aber gesagt werden, dass eine von Ihnen als normal eingestufte Schrift mit großen Zwischenräumen auf eine Persönlichkeit hinweist, die gut organisieren kann und sowohl im privaten als auch beruflichen Bereich Ordnung schafft. Ein negativer Zug könnte sein, dass der Schreiber bisweilen zu großzügig handelt, da es keinen Ausgleich zwischen der normal großen Schrift und den großen Zwischenräumen gibt, wie etwa bei einer engen Schrift bei großen Wortabständen.

Es gibt keine »normale« Schrift. Jeder Mensch schreibt anders, weswegen es unmöglich ist, eine Norm aufzustellen.

Weite Schrift

Diese Schrift steht zum einen für Spontaneität, Unternehmungslust, bei entsprechender Druckstärke auch für Vitalität, zum andern aber auch für Ungenauigkeit und Ungeduld. Ist die Schrift druckschwach (siehe dazu Seite 74), dann finden wir eine gewisse Energielosigkeit und even-

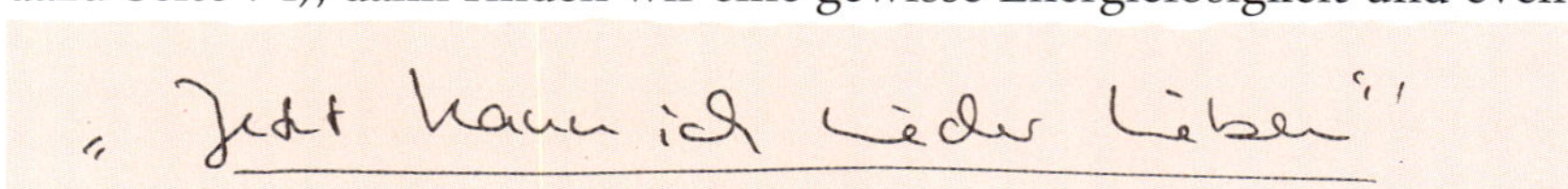

tuell auch Passivität vor. Hier wird nicht agiert, sondern reagiert, man verhält sich defensiv statt offensiv.
Die weite Schrift deutet meist jedoch auf Offenheit und Entspannung hin; der innere Druck, den die enge Schrift offenbart, ist hier genau ins Gegenteil verkehrt. Statt sich abzukapseln und alles in sich hineinzufressen, haben wir es hier mit einer dynamischen, erfolgsorientierten

Persönlichkeit zu tun, die sich in einem ständigen Vorwärtsdrang befindet und deren Bewegung nach außen gerichtet ist. Das Anspruchsdenken ist eher hoch, dagegen ist die Hemmschwelle niedriger, bisweilen neigt der Schreiber auch zu Haltlosigkeit. Er ist locker und ungehemmt im Umgang mit anderen, neugierig und offen, neues Terrain zu betreten.
Mögliche Bedeutungen: Spontaneität, Unternehmungsgeist, nach vorn drängend, Optimismus, Lockerheit, Aufgeschlossenheit, Ungehemmtheit

Aus den Wortabständen können wir ablesen, ob jemand eher für sich allein leben möchte oder den Kontakt zu anderen sucht.

Wortabstände

In der Regel beträgt der Abstand zwischen den einzelnen Wörtern in etwa die Breite eines Buchstabens.
Große Wortabstände (die über die Größe eines Buchstabens hinausgehen) sind eher negativ zu werten, da sie das Schriftbild praktisch zerreißen, wodurch Distanz zur Umwelt demonstriert wird. Solche Menschen sind meist zurückhaltend oder leben sogar völlig isoliert. Viele Künstler, die unter bestimmten Regimen im Untergrund oder Exil arbeiten mussten, weisen diese weiten Abstände auf, in denen ihre Einsamkeit und Isolation zum Ausdruck kommen.
Kleine Wortabstände zeigen, dass der Schreiber sehr viel Wert auf menschliche Nähe und Kontakte legt und nicht gern allein ist. Er liebt die Gesellschaft und das Leben. Kleine Wortabstände verraten die Hinwendung zum Du, während die großen Abstände auf das Ich hinweisen. Allerdings sollten die Abstände nicht zu klein sein. Manchmal kommt es sogar vor, dass kaum eine Lücke zwischen zwei Wörtern gelassen wird. Dann haben wir es möglicherweise mit einer unruhigen, vielleicht auch neurotischen Person zu tun, die ihren Mitmenschen etwas zu viel abverlangt. Sie will ständig präsent sein, und mischt sich gerne in Dinge ein, die sie eigentlich gar nichts angehen.
Mögliche Bedeutungen: Groß: Reserviertheit, Isolation, Einsamkeit, Theoretiker, mangelnde Kontaktfreude
Klein: Neigung zur Geselligkeit, Gesellschaftsmensch, ungern allein, Neurotiker, taktlos, aufdringlich

Zeilenabstände

Der Zeilenabstand verrät, inwieweit der Schreiber in der Lage ist, sich in der Gesellschaft anzupassen, indem er den Raum plant und organisiert. Sind die Zeilen weit genug voneinander getrennt, so dass die Wörter einer Zeile nicht in die nächste hineinreichen (vor allem die Ober- und Unterlängen), dann nimmt der Schreiber Rücksicht auf die Lebensweise anderer, erwartet aber auch, dass dies im umgekehrten Fall ebenso ist. Er besteht auf seinem persönlichen Freiraum, den er notfalls vehement zu verteidigen weiß.

Durch geringen Zeilenabstand mit Buchstaben, die in die Wörter der nächsten Zeile hineinreichen, wird eher Respektlosigkeit ausgedrückt. Man rückt im wahrsten Sinn des Wortes dem anderen »auf die Pelle«.

Am besten wird der Zeilenverlauf deutlich, wenn der Schreiber auf einem unlinierten Blatt Papier ohne Linienblatt schreibt.

Zeilenverlauf

Man spricht von aufsteigenden, fallenden, geraden und unregelmäßigen Zeilen.

- Gerader Zeilenverlauf zeugt von Beständigkeit, seelischer und emotionaler Stabilität, Ausdauer, bisweilen aber auch von einer langweiligen Persönlichkeit.

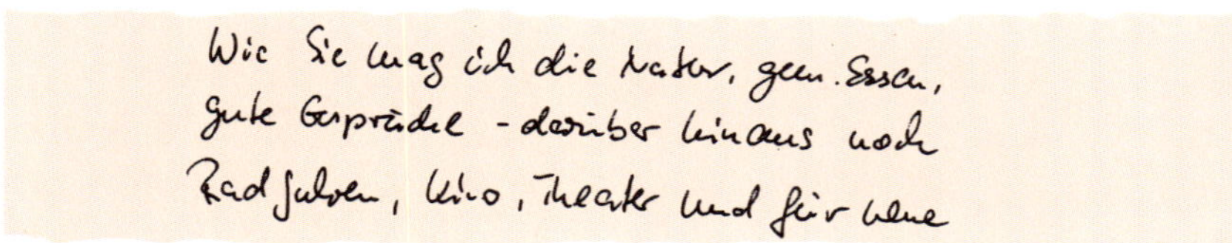
Wie Sie mag ich die Natur, gern Essen,
gute Gespräche - darüber hinaus noch
Radfahren, Kino, Theater und für mehr

- Aufsteigenden Zeilenverlauf finden wir bei Menschen, die voller Optimismus und Elan sind, Zuversicht versprühen und ehrgeizig sind.

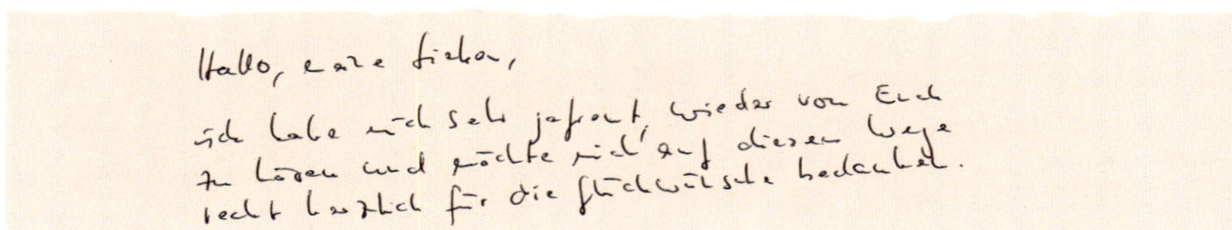
Hallo, ihr Lieben,
ich habe mich sehr gefreut, wieder von Euch
zu hören und möchte mich auf diesem Wege
recht herzlich für die Glückwünsche bedanken.

Schreiben Sie Ihren nächsten Brief doch einmal auf einem unlinierten Blatt ohne Zeilenunterlage, und lassen Sie sich von Ihrem Zeilenverlauf überraschen.

- Fallender Zeilenverlauf drückt häufig Mutlosigkeit und Melancholie aus, weil der Schreiber vielleicht seine Ziele nicht erreicht hat, ständig Rückschläge hinnehmen muss, von anderen unter Druck gesetzt wird (es wird von oben auf die Zeile gedrückt, deshalb fällt sie zwangsläufig ab) oder weil einfach der Lebensmut geschwunden ist.

Auch im Zeilenverlauf kann der Graphologe erkennen, inwieweit der Schreiber emotional und psychisch gefestigt ist.

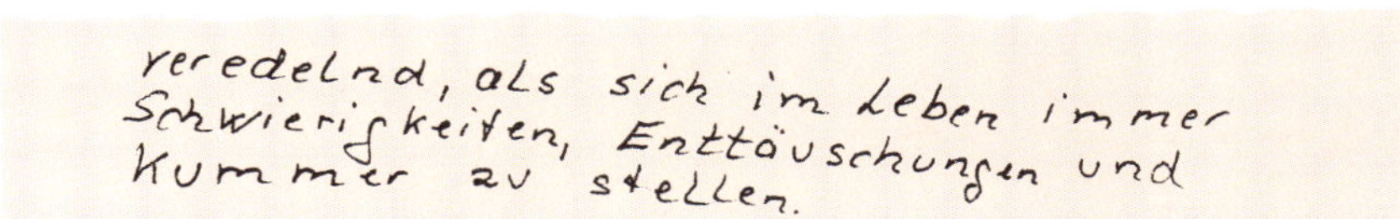

veredelnd, als sich im Leben immer
Schwierigkeiten, Enttäuschungen und
Kummer zu stellen.

- Unregelmäßiger Zeilenverlauf ist ein Zeichen für Unabhängigkeit, Opposition gegen alles, das Brechen von Konventionen, mangelnde Anpassungsfähigkeit und Disziplinlosigkeit.

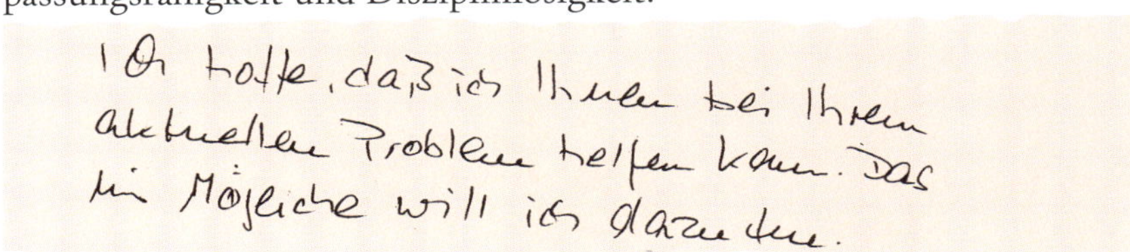

Ich hoffe, daß ich Ihnen bei Ihren
aktuellen Problemen helfen kann. Das
im Mögliche will ich dazu tun.

Elemente des Bewegungsbildes

Im Bewegungsbild, in dem sich ausdrückt, mit welchem Schwung oder mit welcher Besonnenheit jemand an eine Sache herangeht, wird etwas über die treibenden Kräfte einer Persönlichkeit ersichtlich. Wir erkennen etwas über die Anlagen und Fähigkeiten, die Gefühle und Triebe.

Vier Bindungsformen

 Girlande oder umgekehrte Arkade

 Arkade (nach oben gewölbter Rundbogen)

 Winkel oder eckige Bindung

 Faden

Besonders aussagekräftig für den Graphologen sind die Bindungsformen Girlande, Arkade, Winkel und Faden, die Aufschluss darüber geben, ob jemand z. B. offen, verschlossen, unnachgiebig oder oberflächlich ist.

Girlanden

Von der Form her ist die Girlande wie eine Schale oder wie eine geöffnete Hand, die empfängt. Girlanden werden aber nicht nur an den Buchstaben n, m, u untersucht, sondern auch an t-Strichen und girlandenförmigen Verbindungen. Durch ihre Öffnung nach oben steht die Girlande für Geduld, Duldsamkeit und Liebe und durch ihre Weichheit auch für Weiblichkeit (was bei männlichen Girlandenschreibern nicht negativ zu werten ist, sondern im Gegenteil sehr positiv, da sie dadurch die meist Frauen zugeschriebenen Attribute wie Einfühlungsvermögen und Gutmütigkeit aufweisen).

Die Girlande hat etwas Vertrauen Erweckendes, Gefühlvolles. Sie gibt und nimmt, ist großzügig im Denken und Handeln. Es gibt keine Geheimniskrämerei, sondern Offenheit. Girlanden symbolisieren sowohl die Liebe zum Ich als auch zum Du, gemäß dem Ausspruch: »Was du nicht willst, das man dir tut, das füg auch keinem anderen zu«.
Girlandenschreibern fällt es in der Regel nicht schwer, Kontakte zu knüpfen und sich schwierigen Situationen anzupassen.
Sie vermitteln Warmherzigkeit und werden von Personen geschrieben, die eher geben als nehmen. Nächstenliebe und Fürsorge für andere sind einfach ein Bestandteil ihres Lebens. Reine Girlandenschreiber sind Herz- und nicht Kopfmenschen und laufen deshalb nicht selten Gefahr, von anderen ausgenutzt zu werden.
Bei links eingeschlungenen Schleifengirlanden sowie bei Girlanden, die sich zu einem Becher verengen, handelt es sich meist um eine Person, deren Denken und Fühlen stark auf die Vergangenheit gerichtet sind, die Traditionen bewahren will und oftmals eine gewisse Berechnung im Umgang mit anderen zeigt. Liebenswürdigkeit wird häufig nur vorgetäuscht. Wenn man gibt, wird erwartet, umso mehr zu empfangen.

Girlanden weisen in der Regel auf einen gutmütigen, nachgiebigen, einfühlsamen, weichen, aufgeschlossenen und diplomatischen Menschen hin.

Negativ bewertet wird eine Girlande auch, wenn sie auffallend weit ist, was den Schreiber als zu gutmütig und zu weich erscheinen lässt, so dass man ihm oftmals eine gewisse Willensschwäche und mangelnde Durchsetzungsfähigkeit attestieren kann.
Auch die gestützte Girlande  wird als negativ angesehen, da die Schreiber häufig unfähig sind, allein zu sein. Dazu kommen oftmals Willensschwäche, Ängstlichkeit und mangelnde Vitalität. Sie glauben, das Leben nicht allein meistern zu können, und brauchen jemanden, um sich anzulehnen.
Ebenfalls als negativ angesehen werden Anfangsgirlanden in sonst eher winkliger oder arkadischer Schrift , da diese auf einen bedingt freundlichen Menschen hinweist, der auch in der Lage ist, andere durch seine Freundlichkeit zu täuschen.
Das Gleiche gilt für Schlussgirlanden in sonst winkliger oder arkadischer Schrift 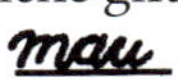, die ebenfalls auf einen Blender oder Täuscher mit stark egoistischen Zügen hindeuten.

Sind jedoch alle Buchstaben und auch die t-Striche und Abstriche girlandenförmig, dann haben wir es meist mit warmherzigen, freundlichen, offenen Menschen zu tun, die bereit sind, alles zu empfangen, die sich über Kleinigkeiten freuen können und das Leben auf eine ganz besondere Weise genießen.
Hängen die Girlanden unter den Zeilen , dann liegt offensichtlich mangelnde Widerstandskraft beim Schreiber vor. Ein wesentlicher Charakterzug ist Melancholie und bisweilen auch Sentimentalität. Es scheint, als würde er eine schwere Bürde tragen, die so schwer ist, dass sie die Buchstaben praktisch unter die Zeilen zu drücken vermag.
Mögliche Bedeutungen: Gutmütigkeit, Kontaktfreudigkeit, Verbindlichkeit, Aufgeschlossenheit, Weichheit, Nachgiebigkeit, Ausnutzbarkeit, Beeinflussbarkeit, Unfähigkeit, jemandem etwas abzuschlagen, Bequemlichkeit

Arkaden signalisieren, dass andere erst vorsichtig an das »Tor« klopfen müssen, das von der Arkade umrahmt wird, um möglicherweise eingelassen zu werden.

Arkaden

Arkaden sind im Gegensatz zur offenen Girlande wie ein Bogen, der sich über ein Tor spannt, oder wie ein Regenschirm oder eine Überdachung. Es ist, als würden wir mit unserer Handinnenseite etwas verdecken. Die Arkade ist ein Schutz gegen die Einflüsse der Welt. Der reine Arkadenschreiber benutzt diese Bindungsform als Schutzschild. Er ist leicht misstrauisch und erwartet kein freundliches Entgegenkommen, sondern eher Anfechtung oder gar Anfeindung. Die Umwelt wird mit Argusaugen überwacht, was nicht selten dazu führt, dass Arkadenschreiber sich von ebendieser Umwelt vollständig abkapseln, weil ja doch keinem zu trauen ist. Arkadenschreiber wollen etwas verbergen: Gefühle, Gedanken, Absichten, Vorhaben.
Arkaden werden meist von Menschen geschrieben, die energisch, zäh und oftmals sehr dickköpfig sind. Sie sind zurückhaltend, sehr konzentrationsfähig und rational im Denken. Arkaden demonstrieren zudem häufig ein großes Maß an Selbstdisziplin und Selbstbeherrschung. Spontaneität kommt eher selten vor, es sei denn, Arkaden und Girlanden stehen in vernünftiger Relation zueinander und Schriftweite und Zeilenabstände sind weder zu eng noch zu weit.

Im Gegensatz zu den kontaktfreudigen Girlandenschreibern haben es die Arkadenschreiber eher schwer, Freundschaften zu schließen, weil Misstrauen wie eine unsichtbare Barriere zwischen ihnen und anderen steht. Sie trauen vor allem sich selber. Andererseits lieben sie es, umgarnt und umschmeichelt zu werden, ohne dabei ihr Inneres preiszugeben oder preisgeben zu müssen. Bei besonders engen Arkaden ist zudem von einer geizigen Person auszugehen. Nicht selten findet man bei Arkadenschreibern Eigenschaften vor wie Unaufrichtigkeit (bei Anfangsarkaden ), Verschlossenheit, Kontaktarmut und Hemmung (bei Schlussarkaden ), Heuchelei, Unaufrichtigkeit (bei nach links eingekrümmten Schlussarkaden ).

Aber auch hier gilt der Grundsatz: Zunächst die gesamte Schrift intuitiv betrachten, dann Details analysieren und danach erst zu einer Beurteilung kommen.

Mögliche Bedeutungen: Gewählte Umgangsformen, legt Wert auf Etikette und Konventionen, Selbstdisziplin, Konzentrationsfähigkeit, Widerstandskraft gegenüber emotionalen oder depressiven Einflüssen, Distanziertheit, Zurückhaltung, konservativ, innere Unsicherheit, Verschlossenheit, Abwehr, Rückzug nach innen, Verteidigung, Fassadenmensch, Heuchelei

Wer Winkel schreibt, der möchte den kürzesten, schnellsten Weg gehen und legt dabei eine bisweilen unnachgiebige Härte an den Tag.

Winkel

Im Gegensatz zur fließenden Bewegung der Girlande oder Arkade haben wir es bei einer winkligen Schrift – wenn Winkel die überwiegende Bindungsform darstellen – mit einer zackigen, »harten« Schrift zu tun. Hier sind keine weichen Übergänge erkennbar, Kompromissbereitschaft wie beim Girlandenschreiber ist kaum oder gar nicht vorhanden. Dieser Mensch trifft wichtige Entscheidungen sehr schnell und erwartet, dass sie von anderen vorbehaltlos respektiert werden. Konflikten wird nicht nur offen begegnet, sie werden sogar häufig gesucht. Auseinandersetzungen gehören ebenso zum Leben wie eine gewisse zynische Grundhaltung. Festigkeit, Standhaftigkeit und Geradlinigkeit werden demonstriert, und sei es im Notfall auch nur, um damit eigene Fehler und Schwächen zu überdecken.

Reine Winkelschreiber sind, um es etwas übertrieben auszudrücken, wie Raubtiere, die permanent auf der Lauer liegen und auf Beute warten – in diesem Fall auf eine Gelegenheit, einen Kampf oder eine Auseinandersetzung zu beginnen. Die Meinung anderer zählt wenig oder gar nichts, dazu ist der Winkelschreiber viel zu sehr von sich selbst und der eigenen Meinung überzeugt. Bei Winkelschreibern finden wir oft große Willensstärke, die emotionale Regungen oder Gemütsschwankungen als schwächlich abtut. Der Winkelschreiber fühlt sich männlich und überlegen, auch wenn es sich um eine Frau handelt. Anpassung ist eher ein Fremdwort, Aggressivität hingegen häufiger anzutreffen.

Mit Anfangswinkeln in sonst nichtwinkliger Schrift will der Schreiber unbewusst signalisieren, dass er auch unnachgiebig und hart sein kann.

Bei Anfangswinkeln in sonst nichtwinkliger Schrift ist der Schreiber bemüht, Festigkeit in seinem Leben zu erreichen. Inwieweit er dies schafft, hängt davon ab, wie die anderen Bindungsformen beschaffen sind: ob es sich um Arkaden oder Girlanden oder Faden handelt.

Bei Endwinkeln in sonst nichtwinkliger Schrift haben wir es mit einer Person zu tun, die auf den ersten Blick offen und vielleicht sanft wirkt, in Wirklichkeit aber über Durchsetzungsvermögen und bisweilen sogar Härte verfügt.

Eine kämpferische Grundhaltung, schnelle Reaktionen und eine »Raubtiermentalität« finden sich häufig bei Personen mit winkliger Schrift.

Aus diesem Grund ist es wichtig, immer alle Merkmale einer Schrift zu betrachten, bevor man ein Urteil abgibt oder ein Gutachten erstellt.
Mögliche Bedeutungen: Festigkeit, Konsequenz, Durchsetzungsvermögen, ausgeprägte Zielstrebigkeit, Ausdauer, Konflikten gegenüber nicht abgeneigt, Unbeirrbarkeit, Eigenwilligkeit, bietet Widerstand, Härte, Unnachgiebigkeit, Starrheit, Herrschsucht, Verbohrtheit, Unduldsamkeit, mangelnde Flexibilität, kaum kritikfähig, aggressiv

Die Deutung von Fadenbindungen ist sehr schwierig, und ihre Wertung ist nur im Kontext des Gesamtschriftbildes möglich.

Faden

Faden sind eher die Ausnahme und kommen bei den Buchstaben vor, die den Duktus ausmachen, also m, n, u und i. Diese Buchstaben werden, wie im obigen Beispiel (siehe Seite 64) dargestellt, nicht ausgeschrieben, sondern durch einen gewellten oder geraden Strich ersetzt, vergleichbar mit einer Welle oder der Vorwärtsbewegung einer Schlange.
Das Formniveau ist beim Fadenschreiber meist gering. Oft wird diesen Menschen Labilität oder gar Haltlosigkeit attestiert, es wird gesagt, sie seien haltlos und ungefestigt. Doch muss man gerade beim Faden sehr vorsichtig mit der Deutung sein, denn er kann sowohl Oberflächlichkeit als auch Beweglichkeit zeigen, Diplomatie oder Nervosität und Ungeduld, aber ebenso auf eine Person hindeuten, die schneller denkt, als sie schreiben kann.
Die Fadenbindung findet man häufig bei sehr intelligenten, geistig regen Menschen, die nicht mit dem Strom schwimmen, sondern ihren eigenen Weg gehen und sich nicht um die Meinung anderer scheren. Dieses Merkmal findet sich allerdings auch – und das macht die Deutung oftmals so schwierig – bei Opportunisten, also Menschen, die ihre Fahne nach dem Wind hängen.
Jedoch sind reine Fadenbindungen sehr selten, meist findet man am Anfang oder in der Mitte der Wörter klare Girlanden oder Arkaden vor und nur am Wortende einen Faden.
Mögliche Bedeutungen: Vielseitigkeit, Gewandtheit, künstlerische Neigung, hohe Intelligenz, Einfühlungsvermögen, psychologischer Spürsinn, geschicktes Umgehen von Hindernissen, Diplomatie, Labilität vor allem im

Stimmungs- und Emotionsbereich, berechnendes Verhalten, mangelnde Stabilität, Verschlagenheit, will sich nicht festlegen, »Schauspieler«, Umtriebigkeit, Nachlässigkeit, Unaufrichtigkeit

Gemischte Bindungsformen

Gemischte Bindungsformen sind eine Mischung aus Girlanden, Arkaden, Winkel und Faden. Eine Deutung der gemischten Bindungsformen ist schwer, da entweder Girlanden mit Arkaden oder gar alle Bindungsformen sich abwechseln. Schreiber gemischter Bindungsformen sind häufig Anpassungskünstler, vorausgesetzt, ihre Schrift weist ein hohes Formniveau auf, sie sind intelligent und besitzen die nötige Menschenkenntnis, um sich auch den jeweiligen Bedingungen anpassen zu können.

Gemischte Bindungsformen zeigen Menschen mit einem hohen Maß an Flexibilität, die immer einen Ausweg finden, mögen die Situationen auch noch so hoffnungslos erscheinen.

Mögliche Bedeutungen: Vielseitigkeit, Anpassungsfähigkeit, Manipulierbarkeit, hohe oder geringe Intelligenz (hängt vom Gesamtschriftbild ab), langweilig, umtriebig

Verbundenheit

Von Verbundenheit spricht man, wenn drei bis fünf Buchstaben eines Wortes direkt und ohne Unterbrechung miteinander verbunden sind. Eine Ausnahme hiervon gilt lediglich für das Absetzen des Stiftes beim i-Punkt oder t-Strich.

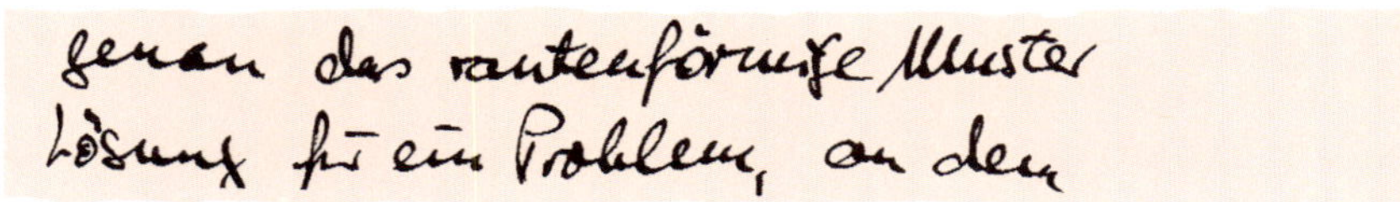

Eine verbundene Schrift offenbart in der Regel gute Konzentrationsfähigkeit, logisches Denken, Anpassungsfähigkeit in fast allen Bereichen des Lebens, unter Umständen aber auch ein gewisses Maß an Gedankenarmut und Phantasielosigkeit. Man findet sie häufig bei Personen, die einen festen Rhythmus in ihrem Leben haben und auch brauchen, Rituale zelebrieren, stark auf Ordnung bedacht sind und bisweilen, wenn zur

Verbundenheit auch noch eine stark arkadische oder winklige und enge Schrift kommt, zu Geiz und Pedanterie neigen. Aus der verbundenen Schrift sprechen Realismus und Vernunftdenken, Logik sowie Verbindlichkeit.

Anders sieht es bei einer verbundenen, nicht zu engen und nicht zu weiten Girlandenschrift aus, die meist auf eine humorvolle, offene und loyale Person hinweist, mit der man »Pferde stehlen« kann.

Die verbundene Schrift deutet auf einen anpassungsfähigen, zielsicheren Menschen hin, allerdings auch auf eine eher langweilige Person, die sich mehr in den eigenen vier Wänden wohl fühlt als in einer großen Gesellschaft. Oft herrscht bei einem solchen Schrifteigner ein großes Anlehnungsbedürfnis vor, der Wunsch, aufgefangen zu werden, einen Halt zu haben. Häufig mangelt es an Kreativität und gestalterischer Fähigkeit, es sei denn, die Verbundenheit steht in Zusammenhang mit einer auf hohem Formniveau stehenden Schrift mit sanft geschwungenen Girlanden oder zum entsprechenden Formniveau passenden Fadenbindungen und einer hohen Schreibgeschwindigkeit.

Die Deutung der Verbundenheit einer Schrift hängt vor allem von der Schreibgeschwindigkeit, dem Formniveau und der Bindungsform ab. Eine schnelle, verbundene und ein hohes Formniveau aufweisende Schrift zeugt von überdurchschnittlicher Intelligenz.

Ist die Handschrift langsam und umständlich, dann handelt es sich in vielen Fällen um eine Person, die viel Wert auf Bequemlichkeit legt und Angst hat, ihren gewohnten Lebensstil aufzugeben. Risikobereitschaft oder die Neugier, neues Terrain zu erforschen, liegt ihr nicht. Sie will ihre Ruhe haben, in Ruhe gelassen werden und Konflikte vermeiden, die diese Ruhe stören könnten. Sie braucht das tägliche Einerlei, die Eingebundenheit in einen festen Tagesablauf und Routinen, die ihr Halt und Sicherheit geben. Sie ist wenig flexibel, braucht meist lange, um eine Entscheidung zu treffen (vor allem wenn es sich um Arkadenschreiber handelt), und legt viel Wert auf die Meinung anderer. Das Streben nach Unabhängigkeit liegt solchen Personen fern, sie unterwerfen sich gern den Regeln und Gesetzen der Gesellschaft. Sie schwimmen mit dem Strom ganz nach dem Motto: »Wenn alle es tun, dann kann es nicht verkehrt sein.«

Mögliche Bedeutungen: Konsequenz in allen Lebensbereichen, Anpassungsfähigkeit, Verbindlichkeit, Ausgeglichenheit, Korrektheit, mangelnde Kreativität, phantasielos, langweilig

Unverbundenheit

Bei der unverbundenen Schrift steht zwar nicht unbedingt jeder Buchstabe für sich allein, allerdings ist mindestens die Hälfte aller Buchstaben eines Wortes getrennt.

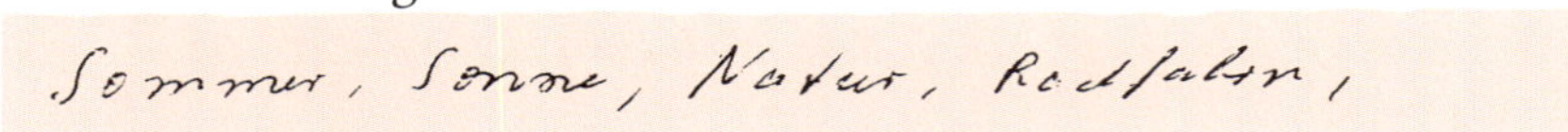

Folgende Merkmale können dem Schreiber einer unverbundenen Schrift zugeordnet werden: Intuition (sehr wichtig bei der Erstellung graphologischer Gutachten); Phantasie/Gedankenreichtum (viele Schriftsteller und andere Künstler schreiben bzw. schrieben unverbunden, z. B. Heinrich Böll, Salvador Dali, Emily Dickinson, Oscar Wilde, Lyonel Feininger); hohe Beobachtungsgabe; zum Teil überdurchschnittliche Intelligenz bis hin zur Genialität. Andererseits finden wir Oberflächlichkeit, Inkonsequenz, Sprunghaftigkeit, mangelndes Durchsetzungs- und Stehvermögen (ebenfalls ein häufig anzutreffendes Zeichen bei musischen Menschen, die – so nehmen sie es wahr – mangels genügender Aufmerksamkeit seitens anderer nicht selten in Depressionen, Selbstzweifel oder Melancholie verfallen). Die nur unverbundene Schrift ist selten. Meist sind wenigstens zwei Buchstaben miteinander verbunden, ehe eine Lücke entsteht.

Unverbundenheit ist oft ein Zeichen für hohe Intelligenz, künstlerische Neigungen und Intuition, aber auch für Oberflächlichkeit und Inkonsequenz.

Häufig findet man die halb verbundene, halb unverbundene Schrift: Aus der Verbundenheit spricht logisches und analytisches Denken, aus der Unverbundenheit Intuition, Originalität und Phantasiereichtum. Hier werden zwei wesentliche Komponenten miteinander verbunden: Intuition und Logik. Sind diese beiden Eigenschaften in einer Schrift mit hohem Formniveau zu finden, so haben wir es mit einem im Leben erfolgreichen Menschen zu tun, der seinem Bauch bzw. seiner inneren Stimme folgt, dabei aber die Logik nicht außer Acht lässt.

Mögliche Bedeutungen: Individualist, überdurchschnittliche Intelligenz (bei hohem Formniveau), Intuition, Phantasie, Kreativität, mangelnde Anpassungsfähigkeit, Sprunghaftigkeit, Inkonsequenz, Oberflächlichkeit

Druckstärke

In der Graphologie wird dem Druck große Bedeutung beigemessen, da er etwas über die Kraft und Widerstandsfähigkeit bzw. Labilität und psychische und physische Anfälligkeit eines Menschen aussagt. Aus dem Schriftdruck können wir erkennen, welche Energie dem Schreiber zur Verfügung steht.

Beim Schriftdruck wird in der Regel zwischen vier Arten unterschieden: stark, schwach, unregelmäßig, gemischt. Besonders hingewiesen werden sollte auf die Tatsache, dass die Schreibunterlage von wesentlicher Bedeutung für den Schriftdruck ist, da sie die Zielrichtung des Schriftautors hemmt. Diese Hemmung oder auch Widerstand wird durch den jeweiligen Druck überwunden.

Druckstark schreibende Menschen sind in aller Regel kraftvoll, energiegeladen und verfügen über eine ausgeprägte Libido.

Druckstärke erkennt man am besten in den Auf- und Abstrichen. In der Regel kann die Druckstärke am besten bestimmt werden, wenn mit einem Kugelschreiber geschrieben wurde.

Eine regelmäßige Druckverteilung ist grundsätzlich positiv zu bewerten. Der Schreiber verfügt über ein gesundes Selbstbewusstsein und eine gewisse Zielstrebigkeit. Meist kommen noch Eigenschaften wie Energie, Vitalität und Zähigkeit hinzu. Menschen, die mit viel Druck schreiben, verfügen über eine große Entschlossenheit und Willenskraft, mit der sie auch noch so große Widerstände zu überwinden in der Lage sind.

Ein unregelmäßiger Druck hingegen zeigt dem Graphologen, dass der Schreiber in einem ständigen Wechsel zwischen großer Energie und Energielosigkeit schwankt. Bei ihm ist der Akku schnell leer, er braucht Zeit, um sich wieder aufzuladen. Unregelmäßiger Druck verrät eine eher gefühlsbetonte Persönlichkeit. In Verbindung mit Winkelschrift können bei hoher Druckstärke Eigenschaften wie Brutalität, Triebhaftigkeit und Herrschsucht konstatiert werden.

Mögliche Bedeutungen: Dynamik, Selbstbewusstsein, psychische und physische Stabilität, Eigenwilligkeit, Durchsetzungsvermögen, Produktivität, gegen den Strom schwimmen, Überzeugungskraft, Dominanz, Energie, Aktivität, Triebhaftigkeit, Härte, Mangel an Sensibilität, Schwerfälligkeit

Druckschwäche

Im Gegensatz zur druckstarken Schrift erkennen wir in der Druckschwäche in der Regel einen Mangel an Vitalität und Antriebskraft. Druckschwach schreibende Personen sind häufig feinsinnig, zart und empfindsam (aber auch empfindlich). Sie sind nicht selten zart besaitet und leicht verletzbar, aber auch oberflächlich. Sie gehen, im Gegensatz zu druckstarken Schreibern, nicht mit aller Kraft gegen Probleme und Widerstände an, oftmals weil ihre psychische Verfassung dies nicht zulässt. Hindernissen stemmt man sich nicht entgegen, man versucht, sie zu umgehen.

Obgleich Druckschwäche ein Zeichen mangelnder Energie sein kann, deutet sie aber, wenn sie regelmäßig und leicht rechtsgeneigt oder steil ist, auf Zähigkeit, Ausdauer und Willensstärke hin.

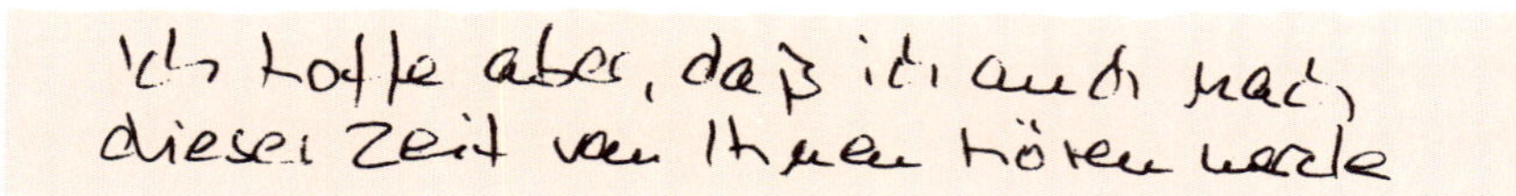

Auch wenn Beharrlichkeit und Energie weniger stark vorhanden sind, so sind druckschwache Schreiber unter Umständen flexibler im Denken und Handeln. Die Belastbarkeit ist eher gering, dafür verfügen sie über ein bisweilen phänomenales diplomatisches Geschick. Wenn das gesamte Schriftbild der Druckschwäche entsprechend ist, können sich jedoch auch Beeinflussbarkeit und Sorglosigkeit zeigen. Das Selbstbewusstsein ist gestört, Minderwertigkeitskomplexe sind sehr häufig, vor allem bei kleiner Schrift mit geringen Längenunterschieden und steiler oder linksschräger Schriftlage.

Mögliche Bedeutungen: Künstlerische Veranlagung (bei hohem Formniveau), Flexibilität, mangelnde Ausdauer, Sorglosigkeit, Oberflächlichkeit, Verletzbarkeit, Rastlosigkeit, geringe psychische Belastbarkeit, Suche nach Schutz und Geborgenheit, Beeinflussbarkeit

Teigige und scharfe Schrift

Ob eine Schrift teigig oder scharf ist, bestimmt nicht nur die Schriftbewegung des Schrifteigners, sondern kann oftmals auch am Schreibgerät liegen. Eine Person, die einen Füllfederhalter mit besonders breiter Feder oder einen entsprechenden Kugelschreiber benutzt, tut dies aus dem unbewussten Drang heraus, etwas damit auszudrücken.

Runde, üppige Formen verweisen auf eine Persönlichkeit, die ein starkes Liebesbedürfnis hat, anhänglich ist und vital, die stark empfinden kann und den Sinnenfreuden nicht abgeneigt ist.

Teigigkeit

Teigigkeit – die Striche zerfließen oder sind unscharf – wird häufig so genannten Genussmenschen zugeschrieben, die eine starke Sinnlichkeit haben und zu Ausschweifungen jeder Art neigen. Sie sind stark ihrem sexuellen Trieb ausgesetzt und lassen diesem oftmals auch freien Lauf, oftmals sind sie auch Genussmenschen im negativen Sinn, d. h., sie sind dem Alkohol und übermäßigem Essen zugetan.

Außerdem werden diesen Schreibern Eigenschaften zugeordnet wie Erlebnishunger und -fähigkeit und das starke Streben nach der Befriedigung körperlicher Bedürfnisse. Sie sind materiell ausgerichtet und sexuell sehr aktiv. Dafür mangelt es ihnen häufig an Selbstdisziplin, und sie sind eher bequem und behäbig.

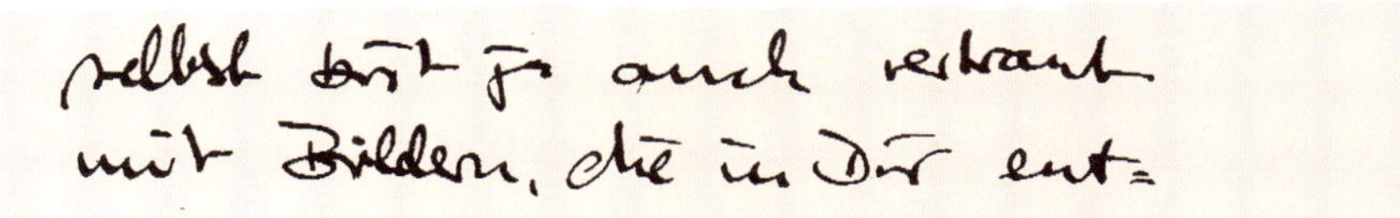

Eine teigige Schrift mit hohem Formniveau wie oben zeigt uns jedoch auch einen Menschen, der nicht nur seine körperlichen Bedürfnisse gestillt haben möchte, sondern auch eine bisweilen starke künstlerische oder schöpferische Prägung aufweist. Das Strichbild ist dann meist warm und samten, woraus die Liebe zu den schönen, musischen Dingen des Lebens spricht wie etwa Musik, Dichtung und Malerei.

Mögliche Bedeutungen: Genussmensch, Wärme, starke erotische Orientierung, Sinnenfreude, künstlerische Veranlagung, Triebstärke, Grobschlächtigkeit, Behäbigkeit, mangelnde Disziplin

Scharfe Schrift

Eine druckstarke, scharfe Schrift mit klaren Konturen zeugt von Konzentrationsvermögen, Empfindsamkeit und einem gewissen Grad an Selbstdisziplin. Im Gegensatz zur teigigen, vollen, warmen Schrift empfinden wir diese eher als distanziert und kühl; sie zeigt oft Spitzen und Haken und magere Schleifen. Die Libido ist schwächer ausgeprägt, das rationale Denken hingegen umso stärker. »Scharfschreiber« sind keine Genussmenschen, sie frönen nicht großen Gelagen oder Ausschweifungen, sie sind diszipliniert bis hin zur Askese. Sie beherrschen sich und oftmals auch andere, ohne dass dies negativ zu werten ist, da sie eben durch ihren klaren, analytischen Verstand in der Lage sind, andere zu führen.
Ist die Schrift normal groß, steil oder leicht rechtsschräg und scharf, besteht eine Harmonie zwischen der Buchstaben- und Wortgröße und den Wort- und Zeilenabständen, dann geht die Person im Leben sehr zielstrebig und besonnen voran, häufig sind es Führungspersönlichkeiten.

Eine druckstarke, scharfe Schrift findet man häufig bei analytisch denkenden Menschen, die eine berufliche Position bekleiden, in der logisches und »scharfes« Denken und Urteilen ein Muss sind.

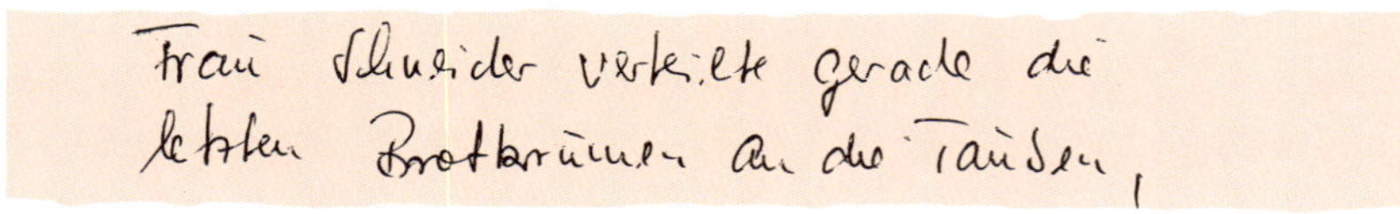

Hinter einer zarten, scharfen Schrift zeigt sich oft ein sensibler, einfühlsamer Charakter, der aber auch leicht reizbar und schnell entmutigt sein kann. Verlaufen bestimmte Vorhaben nicht wie gewünscht, beginnt man, an sich selbst zu zweifeln und mit dem Schicksal zu hadern. Die Schärfe wird durch die Zartheit kompensiert, wodurch der Schreiber signalisiert, dass er Schutz und Anlehnung braucht. Er ist offen für alles Reine und Feine, verabscheut hingegen Rohheit, Brutalität und alles Vulgäre. Oft haben diese Personen einen übertriebenen Hang zu Reinlichkeit und hypochondrischem Verhalten. Es besteht eine ausgeprägte Beobachtungsgabe sowohl der eigenen Person als auch der Umwelt.

Mögliche Bedeutungen: Präzision, Disziplin, analytischer Verstand, scharfe Beobachtungsgabe, Zähigkeit, Ausdauer, logisches Denken, Durchsetzungsvermögen, musische Begabung, Gefühl für Reinheit, bisweilen geringe Libido, Gefühlskälte, Pedanterie, Askese, Härte, Kälte, Hypochondrie

Für die einen ist das Leben nur schön, wenn sie es wie in einem Hochgeschwindigkeits-ICE durchrasen können, für andere ist die gemütliche Lokalbahn das Höchste.

Schnelle Schrift

Neben dem Druck besitzt das Schreibtempo mit die größte Aussagekraft bezüglich der Charaktereigenschaften einer Person. Es lässt sich nicht mit der Stoppuhr messen, doch weisen bestimmte Merkmale wie voreilende Oberzeichen (beispielsweise t-Striche oder i-Punkte), eine vereinfachte oder weite Schrift mit großen Wort- und Zeilenabständen oder ein breiter werdender Linksrand auf ein hohes Schreibtempo hin. Noch eindeutiger kann man auf einen »Schnellschreiber« schließen, wenn zu diesen Merkmalen eine starke Rechtsneigung kommt oder fadenförmige Verbindungen oder Endungen.

Die Schreibgeschwindigkeit hat etwas mit unserem angeborenen psychischen Tempo zu tun. Manche Menschen sind langsam und schwerfällig im Denken und Handeln, während andere quasi im Eilzugtempo durchs Leben rennen.

Der typische »Schnellschreiber« ist lebhaft, und häufig fließen seine Gedanken schneller, als die Hand fähig ist, den Stift zu führen. Oft kommt es zu Verbesserungen oder Durchstreichungen, was wiederum auf einen Mangel an Konzentration schließen lässt. Oftmals ist das Schreibtempo derart hoch und sind die Gedankengänge so schnell, dass der Schreiber zwangsläufig das Schriftbild auf ein Minimum reduzieren muss, was in der Graphologie als Vereinfachung bezeichnet wird. Wenn wir eine solche Schrift vor uns haben, dann handelt es sich mit größter Wahrscheinlichkeit um einen Menschen, der ein bestimmtes Ziel vor Augen hat, das er mit einer derartigen Konsequenz angeht, dass er von keinem Hindernis aufgehalten werden kann.

Sehr schnell schreibende Personen, deren Schrift **stark vereinfacht** ist, ohne dabei vernachlässigt zu wirken oder ein niedriges Formniveau aufzuweisen, zeigen Beharrlichkeit und Durchhaltevermögen. Sie sind oftmals impulsiv, von innerer Unruhe getrieben und können spontane Entscheidungen treffen. Die Kehrseite der Medaille liegt darin, dass sie im gleichen Maße leicht reizbar, flüchtig und manchmal auch übereilt in ihren Handlungen sind.

Eine schnelle Schrift, die ein hohes Formniveau und gute Verbundenheit aufweist, deutet auf hohe Intelligenz, schnelles Denken und Reagieren und, bei Druckstärke und hohen Ober- und Unterlängen, auf die Suche nach Erfüllung im geistigen und körperlichen Bereich.

Ist die Schrift jedoch aufgrund der Fahrigkeit und/oder Nervosität des Schreibers für andere **unleserlich**, weil sie vernachlässigt ist, dann deutet dies auf Oberflächlichkeit und/oder Gleichgültigkeit hin. Auch möchte der Schreiber, dass seine wahren Absichten und Gefühle verborgen bleiben. Er will sich nicht zu erkennen geben, sondern unter allen Umständen seine Fassade aufrechterhalten (siehe auch »Vernachlässigung«, Seite 35f.).

Bei **hohem Formniveau und guter Verbundenheit** demonstriert der Schreiber lediglich seine überdurchschnittliche Intelligenz, die ihn befähigt, gedanklich schneller zu agieren und zu reagieren als die meisten anderen. Kommen zu der Eile noch eine gewisse Druckstärke und betonte Ober- und Unterlängen, dann haben wir es mit einer sehr emotionalen Natur zu tun, die sehr leidenschaftlich ist und sowohl im geistigen als auch materiellen und körperlichen Bereich Erfüllung sucht und meist auch findet.

Ist die Schrift aber nicht nur schnell, sondern **hastig,** so ist der Schriftautor von einer ständigen Unruhe und Nervosität geplagt, weil er glaubt, einen festgelegten Termin nicht einhalten zu können oder eine ihm übertragene Aufgabe nicht zur vollen Zufriedenheit seines Chefs oder Auftraggebers erfüllen zu können.

Mögliche Bedeutungen: Rasche Auffassungsgabe, Flexibilität, vorauseilendes Denken, überdurchschnittliche Intelligenz, Vitalität, Lebhaftigkeit, Übereifer, Rastlosigkeit, Unbeständigkeit, Oberflächlichkeit, Gleichgültigkeit, Hektik, Wankelmut (bei unregelmäßiger Schrift), impulsives Handeln, mangelnde Gründlichkeit

Langsame Schrift

Wer langsam schreibt, überlegt sehr genau und gründlich, bevor er ein Vorhaben angeht. Er setzt vorsichtig einen Fuß vor den anderen, braucht dabei zwar länger, bis er ans Ziel kommt, erreicht dies aber in der Regel ausgeruhter. Hier sind keine Hast und Hektik zu erkennen, keine voreilenden t-Striche oder i-Punkte. Langsamkeit zeigt sich an genau gesetzten Oberzeichen, gleichmäßigem Druck, meist Steilheit oder linksschräger Schrift und guter Leserlichkeit.

Der langsam Schreibende ist überaus korrekt, wägt jeden seiner Schritte sorgfältig ab. Spontaneität würde dieser Langsamkeit widersprechen, wodurch eine solche Person auch langweilig wirkt.

Der langsam Schreibende neigt, wie schon erwähnt, zu Gründlichkeit, aber auch Bedächtigkeit. Er strahlt in der Regel Ruhe und Selbstkontrolle aus, bei hoher Druckstärke kommen noch Eigenschaften wie Gelassenheit und Besonnenheit hinzu.

Im Gegensatz zum »Schnellschreiber« haben wir es bisweilen aber auch mit einer umständlichen Person zu tun, die ganz nach dem Motto handelt: »Alle Wege führen nach Rom.« Hindernisse, die der »Schnellschreiber« nicht sieht, weil er einfach über sie hinwegfliegt, werden vorsichtig und mit Bedacht umgangen. Bei ihm gibt es nicht diese innere Unruhe, er sagt sich: »In der Ruhe liegt die Kraft.«

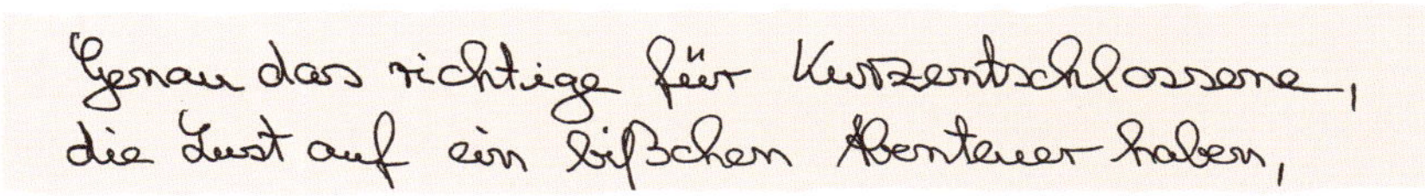

Wie im Abschnitt »Steifheit« (siehe Seite 47f.) erwähnt, lassen sich mitunter im langsamen Schriftbild Zitterzüge, auch Ataxien genannt, feststellen, die verschiedene Ursachen haben können. Eine davon kann physischer Natur sein wie etwa ein Hirnschaden oder ein Nervenleiden wie das Parkinson-Syndrom, bei dem zu den zittrigen Zügen noch eine während des Schreibens immer kleiner werdende Schrift, die so genannte Mikrographie, kommt. Eine andere Ursache kann Suchtverhalten sein.

Mögliche Bedeutungen: Beständigkeit, Realismus, Bodenständigkeit, konservative Haltung, Vorsicht, Traditionsbewusstsein, Gründlichkeit, hohe Beobachtungsgabe, Gelassenheit, zögerlich, langsam im Denken und Handeln, umständlich, träge, langweilig, ängstlich, vergangenheitsbezogen

Besondere Schriftelemente

Relativ leicht identifizierbare Merkmale, die in jeder Schrift vorkommen, aussagekräftig sind und in einer Gesamtdeutung immer berücksichtigt werden sollten, sind der t-Strich, der i-Punkt und der Buchstabe g. Von besonderer Bedeutung ist auch die Unterschrift eines Schreibenden, die viele Merkmale der sonstigen Schrift in konzentrierter Form zeigt (siehe dazu Seite 48f.).

Große Bedeutung bei der Erstellung eines Schriftgutachtens kommen dem t-Strich, dem i-Punkt und dem Buchstaben g zu. Aber auch hier ist wie bei allen anderen Merkmalen das Gesamtschriftbild maßgeblich.

Der t-Strich

Von den vielen Möglichkeiten, einen t-Strich zu setzen, wollen wir im Folgenden einige genauer betrachten. Vorweg sei schon gesagt, dass aufwärts gerichtete t-Striche von Freude, Begeisterung und Lebenslust zeugen, abwärts gerichtete hingegen meist von pessimistischen Anteilen des Schrifteigners wie Wut und Gewalt.

 In diesem abwärts gerichteten t-Strich erkennen wir eine pessimistische Grundhaltung. Zu dieser gehört auch die Neigung, sich ständig zu beklagen und zu kritisieren und immer Recht behalten zu wollen. Bei zusätzlich starkem Druck haben wir es mit einer rücksichtslosen Person zu tun.

 Liegt der abwärts gerichtete Strich auf dem t, kommen Feindseligkeit, Verbissenheit und eine zerstörerische Tendenz zum Ausdruck.

 Hoch gesetzte t-Striche zeugen von Idealismus, Dominanz, Begeisterungsfähigkeit, der Neigung, sich Illusionen hinzugeben, und leichter Erregbarkeit.

 Das Schul-t zeigt uns, dass der Schreiber sowohl im theoretischen als auch praktischen Bereich gleichermaßen begabt ist.

 Tief gesetzte t-Striche verraten Pedanterie, Präzision, gute Beobachtungsgabe sowie Nüchternheit.

 Aufwärts gerichtete, verknotete t-Striche lassen einen Schrifteigner mit Freiheitsstreben und einen mitunter herrschsüchtigen Menschen erkennen.

 Abwärts gerichtete, verknotete t-Striche zeugen von Resignation, Gehorsam und Bescheidenheit.

 Liegt der Strich weit links oder rechts vom t, so zeigt dies einen Menschen, der gerne die Verantwortung abgibt und einen Mangel an Pflichtbewusstsein aufweist.

 Bei dieser Dreiecksbildung können wir davon ausgehen, dass die Person über Ausdauer und Zähigkeit verfügt.

 Eine große t-Schleife mit halbem t-Strich zeugt von Zögerlichkeit, extremer Sensibilität, Mutlosigkeit, unter Umständen hypochondrischem Verhalten.

Es gibt fast unzählige Varianten an t-Strichen, so dass hier nur eine Auswahl der am häufigsten vorkommenden aufgeführt werden kann.

 Hier haben wir es mit dem Aggressions-t zu tun, dessen Durchstreichung breit beginnt und wie eine Dolchspitze endet. Die Deutung variiert je nach Druckstärke. Doch ist deutlich, dass hier gezeigt werden soll, dass der Schreiber zu starker Kritik neigt und seine Zunge als Waffe verwendet. Es ist jedoch bei der Deutung Vorsicht geboten, da hier ganz besonders das übrige Schriftbild einbezogen werden muss. Handelt es sich im Ganzen um eine druckstarke, winklige, scharfe Schrift, so ist die Person mit Vorsicht zu genießen. Ist die Schrift hingegen eher druckschwach und sanft, dann wird signalisiert: »Wenn ich wollte, dann würde ich euch die Meinung sagen.«

 Beim Keulen-t beginnt die Durchstreichung mit einer Spitze und endet breit. Die Deutung hängt auch hier vom übrigen Schriftbild ab, kann aber auf einen rachsüchtigen, kühl kalkulierenden Charakter schließen lassen, der sogar zu brutaler Gewalt neigt.

 Das Kreuz-t findet sich bisweilen in Handschriften von besonders religiösen Menschen, die so tief in ihrem Glauben verwurzelt sind, dass sie das Kreuz als Symbol des Christentums in ihre Schrift übernommen haben.

Bei einer linksschrägen Schrift, bei der auch der i-Punkt links hinter dem i liegt, haben wir es mit großer Sicherheit mit einem Menschen zu tun, dessen ganzes Denken auf die Vergangenheit gerichtet ist.

Der i-Punkt

Ähnlich wie beim t-Strich gibt es auch beim i-Punkt zahlreiche Variationen, von denen wir uns nachfolgend einige ansehen werden.

 Genau gesetzte i-Punkte in einer vitalen, schnellen Schrift zeugen von Gewissenhaftigkeit, hoher Konzentrationsfähigkeit und Pünktlichkeit.

 Nach rechts vorauseilende i-Punkte stehen für ungestümes Vorgehen, Ungeduld, Träume und Zukunftsorientierung.

 Links hinter dem i hängende Punkte deuten auf einen Schreiber, der stark in der Vergangenheit lebt, Dinge gerne aufschiebt und wenig spontan ist.

 Mit dem folgenden Buchstaben verbundene i-Punkte zeugen von hoher geistiger Flexibilität, Intellektualität, hoher Intelligenz, Vereinfachung und Schnelligkeit.

 Weit über die Oberzone ragende i-Punkte sind ein Zeichen für mangelnden Realitätssinn, Illusionen, Begeisterungsfähigkeit und hochfliegende Ideale.

 Tief gesetzte i-Punkte bedeuten eine gute Beobachtungsgabe, praktisches, aber auch abstraktes Denken, Sicherheitsbedürfnis, Wirklichkeitsnähe, unter Umständen auch Pedanterie. Doch auch hier gilt es, das gesamte Schriftbild zu betrachten.

 Ungenau gesetzte i-Punkte verraten mangelnde Konzentrationsfähigkeit, Ungeduld und Oberflächlichkeit.

 Abwechselnd hoch und tief gesetzte i-Punkte zeigen einen Schreiber, der mit sich und der Welt zufrieden ist, der sich anpassen kann, vielseitige Interessen hat, aber auch wankelmütig sein kann.

 Fehlende i-Punkte zeugen von Unzuverlässigkeit, Unordnung, Ungenauigkeit und schlechter Organisation.

 Kreisförmige i-Punkte sollen zeigen, dass der Schreiber sich als etwas Besonderes sieht. Bisweilen macht sich dies durch extravagantes Verhalten bemerkbar, wodurch man demonstriert, dass man einen besonderen Platz innerhalb der Gesellschaft beansprucht.

Fehlende i-Punkte in einer zudem noch vernachlässigten Schrift zeugen von einer Person, deren Zuverlässigkeit und Genauigkeit infrage gestellt werden müssen.

Extraversion und Introversion

Extraversion bedeutet Offenheit, Aufgeschlossenheit, den Kontakt zu anderen Menschen suchen, Aktivität, Vitalität, das Leben genießen und auskosten wollen.

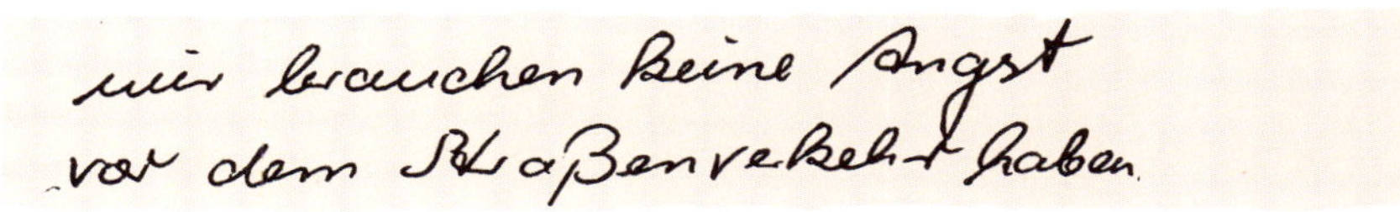

Der extravertierte Menschen kapselt sich nicht hinter verschlossenen Türen ab, sondern hält seine Tür immer offen, ist zugänglich (wenn auch bisweilen knallhart kalkulierte Absichten dahinter stehen, die zu seinem Vorteil sind), humorvoll (manchmal auch übertrieben und in diesem Fall mit Vorsicht zu genießen) und lebhaft. Er hasst Zwänge und Normen, auch wenn er sich in der Gesellschaft, vor allem im Beruf, meist bestimmten Normen und Konventionen unterwerfen muss. Doch der Extravertierte findet immer ein Schlupfloch, das es ihm ermöglicht, seinen Drang nach Freiheit und Erleben zu befriedigen. Aufgrund seiner Extraversion hat ein solcher Mensch es natürlich leichter, Kontakte zu knüpfen, wobei jedoch häufig am Ende eine Enttäuschung steht, da vollmundige Versprechungen nicht gehalten werden. Der Extravertierte reagiert nicht, er agiert.

In der Regel unterscheidet man zwischen zwei verschiedenen Persönlichkeitsformen: der extravertierten und der introvertierten. Allerdings gibt es auch eine Mischform, zu der oftmals Künstler oder künstlerisch tätige Menschen gehören, die zu Zeiten kreativen Schaffens introvertiert sind, sich nach Vollendung eines Werkes aber extravertiert, bisweilen sogar enthusiastisch zeigen.

Introversion hingegen bedeutet Verschlossenheit, Schüchternheit, Grübeleien, Ichbezogenheit und damit Abwendung vom Du, geringe Anpassungsfähigkeit und oftmals auch psychische Labilität.

Der Introvertierte möchte in Ruhe gelassen werden, er möchte nicht mit den Problemen der Welt konfrontiert werden, er scheut das Rampenlicht und jede Form der Selbstdarstellung. Manchmal werden Introvertierte als Egoisten bezeichnet, was jedoch nur bedingt stimmt. Wahr ist allerdings, dass sie sich wesentlich mehr mit sich selbst beschäftigen als Extravertierte. Unter den Introvertierten finden sich viele musisch begabte Menschen wie Schriftsteller, Maler, Komponisten, die die Stille und Einsamkeit brauchen, um das, was sie zu Papier oder auf die Leinwand bringen, auch wirklich »vollbringen« zu können. Während der Extravertierte oft ungestüm und übereilt handelt, lässt der Introvertierte es mit Ruhe angehen.

Die **Schrift eines Extravertierten** ist meist rechtsschräg und etwas größer als normal, d. h. vorwärts, auf die Zukunft und die Menschen hin gerichtet. Überlange Ober- und Unterlängen mit teilweise aufgebauschten Formen werden von Menschen bevorzugt, die gerne im Rampenlicht stehen und den Beifall der Menge brauchen.

Die **Schrift eines Introvertierten** ist hingegen meist kleiner und kontrollierter, sie ist in der Regel steil bis linksschräg.

Sexualität

Einen besonderen Stellenwert innerhalb der Graphologie nehmen seit jeher die Sexualität und das Triebleben und -verhalten ein. Hier wird den Unterlängen besondere Beachtung geschenkt, vor allem beim g (mit Abstrichen auch bei j und y).

Wie wir aus dem Abschnitt »Unterlängen« (siehe Seite 22ff.) wissen, spiegeln sich hier das Materielle, Sinnliche, Triebhafte wider. Form und Beschaffenheit der Unterlängenschleifen lassen Rückschlüsse zu, ob die jeweilige Person ein ausgefülltes Sexualleben hat, ob verborgen gehaltene Wünsche oder Frustration vorhanden sind, wie die Libido beschaffen ist, ob der Schreiber oder die Schreiberin homosexuelle Neigungen hat. Allerdings geben die Unterlängen allein keinen Aufschluss über die Sexualität eines Menschen; dazu ist immer das gesamte Schriftbild notwendig. Erst wenn alle Faktoren berücksichtigt werden, ist es möglich, anhand der Unterlängen eine Aussage zur Sexualität der betreffenden Person zu machen. Dennoch soll der Vollständigkeit halber hier ein kurzer Überblick über markante Zeichen im Buchstaben g gegeben werden, die eine mögliche sexuelle Bedeutung haben.

Seit jeher beschäftigen sich Graphologen mit dem Kleinbuchstaben g. Er gibt uns bei Berücksichtigung des Gesamtschriftbildes Auskunft über die Sexualität und – wie alle Unterlängen – über das Materielle und Triebhafte.

	Markante Zeichen	Mögliche Bedeutung
	Schnittpunkt der g-Schleife auf der Schreiblinie	Normales sexuelles Empfinden
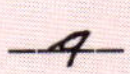	Unterlänge als Strich	Geringe Sexualität
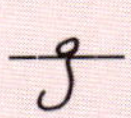	Schwungvolle g-Schleife	Starke Sexualität
	Übertriebene Schnörkel in der g-Schleife	Triebhaftigkeit, starke Libido
	Extreme Unterlängen, zum Teil bis in die nächste Zeile reichend	Bewusster oder auch unbewusster Wunsch nach sexuellen Abenteuern

Allein aus der g-Schleife etwas über die Sexualität und das Triebleben einer Person zu sagen ist praktisch unmöglich, da sehr viele Menschen innerhalb einer Schrift unterschiedliche g-Schleifen schreiben.

Markante Zeichen	Mögliche Bedeutung
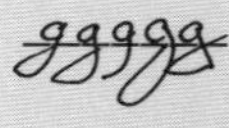 Verschiedene g-Schleifen	Neigung zu Untreue, Bindungsunfähigkeit, sogar Sexgier
 Übervolle g-Schleife	Übertriebene sexuelle Phantasien, Neigung zu Masturbation, sexuelle Isoliertheit
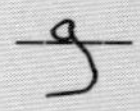 Nach rechts geneigte Halbschleife 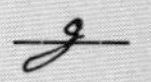 Druckschwache, nach links geneigte Schleife	Angst vor Sexualität/erotischen Bindungen
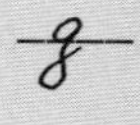 Nach links durchgedrückte g-Schleife	Mangel an sexuellem Selbstbewusstsein, Minderwertigkeitskomplexe
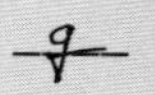 Scharfe, dreieckige Schleife 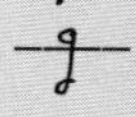 Winzige g-Schleife	Sexuelle Enttäuschung
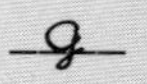 Breiter Kopf, sehr Schmale Schleife	Sexuelle Enthaltsamkeit (unter Umständen aus Mangel an Gelegenheit)
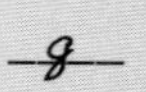 Schwach ausgeprägte Unterlänge 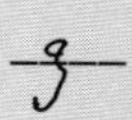 Zittrige, offene g-Schleife	Neigung zu Frigidität
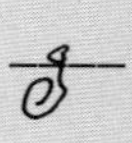 Eingerollte, offene g-Schleife (Schweineschwänzchen)	Möglicherweise Impotenz

Auszüge aus Gutachten

Damit Sie eine Vorstellung von einem graphologischen Gutachten erhalten, finden Sie an dieser Stelle noch einige Schriftbeispiele aus der Praxis und des besseren Verständnisses wegen nur kurze Auszüge aus dem jeweiligen Gutachten.

Mann, 64, Pensionär, Erfinder

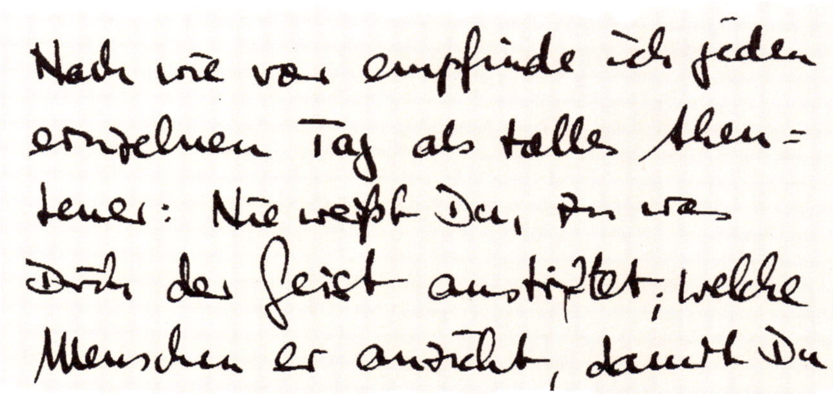

Wichtigste Merkmale: Druckstärke, große Schrift, Teigigkeit, Girlanden, zum Teil große Ober- und Unterlängen, gute Raumaufteilung, hohes Formniveau, Verbundenheit, Steilheit, Regelmäßigkeit

Teigigkeit, Druckstärke, große Schrift, Girlanden und hohes Formniveau weisen auf eine Persönlichkeit mit hoher Intelligenz und der Hinwendung zum Du hin.

Auszug aus dem Gutachten

Bei diesem Schreiber handelt es sich um eine Person, die Wärme ausstrahlt und durch die weite, runde Schrift sowie die Girlanden eine Hinwendung zum Du signalisiert. Er ist geistig sehr rege und auch für Dinge offen, die mit den fünf Sinnen nicht wahrnehmbar sind, er strebt

Hohe Oberlängen und tief greifende Unterlängen zeugen von einer regen Phantasie und gleichzeitig fester Verwurzelung im Leben. Ein solcher Mensch ist in der Lage, zu genießen und mit Zuversicht der Zukunft entgegenzublicken.

beständig nach Höherem, Ziele werden erreicht und gleich darauf neue gesteckt. Er fordert viel von sich und von anderen, ist dabei aber im Umgang mit seinen Mitmenschen feinfühlig und erkennt schnell deren Grenzen. Er ist sehr direkt in dem, was er sagt, was ihm bisweilen zum Nachteil gereicht, weil er sich nicht der Meinung der Masse anschließt, sondern gegen den Strom schwimmt. Er steht aber auch mit beiden Beinen fest auf dem Boden, d. h., seine Wurzeln reichen sehr tief. Sein Geist strebt zwar ständig nach Höherem, dennoch lässt er die Realität nicht aus den Augen. Er handelt sowohl intuitiv als auch logisch, eine ideale Kombination, durch die es ihm gelingt, das Geistige und Körperliche sehr gut miteinander zu verbinden. Bei ihm handelt es sich um einen sinnenfrohen Menschen, der den leiblichen Genüssen nicht abgeneigt ist, diese jedoch sehr wohl zu dosieren weiß. Sein Auftreten ist höflich, aber bestimmt, und wenn auch eine gewisse Egozentrik nicht zu verleugnen ist, so ist Kritikfähigkeit dennoch vorhanden.
Er liebt das Leben und neue Erfahrungen, jeder Tag ist für ihn eine neue Herausforderung. Er ist eine freiheitsliebender, frei denkender Mensch, der jede Form der Einengung verabscheut. Die große, sehr schwungvolle, schnelle Schrift zeugt von einer Person, die gerne im Mittelpunkt steht (Extraversion) und die Bewunderung anderer genießt. Er braucht Bestätigung in seinem Tun, um mit weit ausgreifenden Schritten seine Projekte fortführen zu können.
Von einem einmal begonnenen Projekt lässt er sich durch nichts und niemanden abbringen, denn er ist in der Lage, seine Ziele und Vorstellungen klar auszudrücken und sich auch Widerständen von außen entgegenzustellen. Er verfügt über ein ausgeprägtes Selbstbewusstsein, das es ihm ermöglicht, anderen gegenüber mit der ihm eigenen Sicherheit aufzutreten. Seine Durchsetzungsfähigkeit hat ihm schon viele Neider eingebracht, doch weil er sich nicht wie ein ruder- und segelloses Schiff umhertreiben lässt, kann er sehr gut mit Neid und Missgunst umgehen.
Insgesamt handelt es sich bei dem Schrifteigner um eine hochinteressante Persönlichkeit, der es nicht schwer fällt, andere Menschen von neuen, bisweilen utopisch anmutenden Projekten zu überzeugen und gleichzeitig stets mit beiden Beinen fest auf dem Boden zu stehen.

Frau, 47, Verwaltungsangestellte

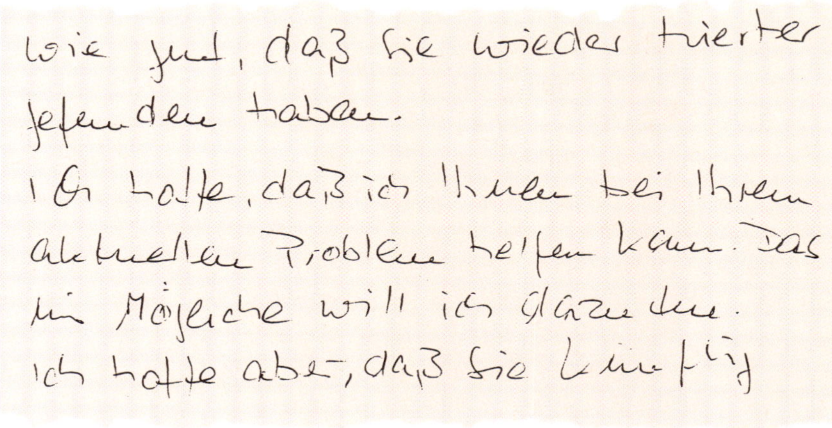

Wichtigste Merkmale: Druckschwäche, Schwankungen zwischen rechtsschräg, steil und linksschräg, gute Raumaufteilung, Verbundenheit und Unverbundenheit, betontes Mittelband, Girlanden, unregelmäßige Schrift, geringe Unterlängen

Druckschwäche, schwankende Schriftlagen und unregelmäßige Schrift deuten auf eine Person mit eher geringem Selbstbewusstsein, Stimmungsschwankungen und mangelnder Anpassungsfähigkeit hin.

Auszug aus dem Gutachten

Die Schreiberin verfügt über eine ausgesprochene Menschenkenntnis, ist sehr durchsetzungsfähig, was auch die Schriftgröße belegt; allerdings betrifft diese Durchsetzungsfähigkeit nur den Umgang mit anderen Personen. Aufgrund der Druckschwäche sind mangelndes Selbstbewusstsein, geringe psychische Belastbarkeit, leichte Verletzbarkeit und die Suche nach Schutz und Geborgenheit zu konstatieren. Die zwischen linksschräg, steil und rechtsschräg schwankende Schrift zeigt in Verbindung mit der Druckschwäche, dass sie starken Stimmungsschwankungen unterworfen ist. Das hohe Formniveau jedoch macht die Neigung zu impulsivem Handeln und mangelnder Anpassungsfähigkeit deutlich. Obgleich die Schreiberin in einen Verwaltungsapparat eingebunden ist, so sucht sie doch ständig nach Wegen, ihren Drang nach Unabhängigkeit und Freiheit zu verwirklichen. Sie ist mit sich selbst noch nicht im Reinen, Extraversion wechselt bei ihr ab mit Introversion. Sie kann sehr freundlich, aber bestimmt auftreten, neigt allerdings auch zu leichter Reizbarkeit.

Sie ist überdurchschnittlich intelligent, was nicht nur durch die gute Raumaufteilung, sondern auch durch die gleichzeitig verbundene und unverbundene Schrift sowie die Schreibgeschwindigkeit bestätigt wird. Sie scheint sich auf der ständigen Suche nach dem Sinn des Lebens zu befinden und ist neuen esoterischen und spirituellen Erfahrungen gegenüber nicht abgeneigt.

Durch ihre Girlanden zeigt sie, dass sie durchaus bereit ist, auf andere zuzugehen, doch gelingt ihr dies aufgrund starker Beschäftigung mit ihren eigenen Problemen nicht immer. Sie ist sehr unsicher, vor allem was die eigene Person betrifft, was mit einigen sehr traumatischen Erlebnissen aus der Kindheit und Jugend herrührt.

Sie ist musischen Dingen sehr zugetan (wenn auch nur passiv), liebt große Reisen (Freiheitsdrang), weiß aber nicht, wie sie die Zukunft gestalten soll, weil selbst die unmittelbare Gegenwart für sie nur schwer zu bewältigen ist.

Geringe Unterlängen sind ein Indiz für mangelnde Verwurzelung, wohingegen Girlanden ein Hinweis darauf sind, dass jemand bereit ist, zu »empfangen«.

Die geringen Unterlängen zeugen von Realitätsferne und schwacher Verwurzelung. Sie lassen auf geringe Vitalität und Widerstandsfähigkeit schließen.

Nach einem ausführlichen Gespräch, das ich mit ihr nach Vorlage des Gutachtens führte, erzählte sie mir, dass sie als Kleinkind in ein Waisenhaus kam, dort in der Zeit zwischen dem 11. und 14. Lebensjahr regelmäßig vergewaltigt wurde, ihre erste große Liebe mit 17 verlor, mit 20 Jahren einen alkoholabhängigen Mann heiratete, der sie auch körperlich misshandelte. Alle diese Umstände führten letztendlich zu einer psychischen Instabilität, die sich in innerer Unruhe, permanenter Schlaflosigkeit und dadurch innerer Verhärtung äußerte. Sie hatte im Laufe der Jahre gelernt, eine Fassade um sich zu bauen, die zu durchdringen kaum jemand in der Lage war (nicht einmal die diversen Therapeuten). Deshalb wirkt sie auf Fremde meist sehr burschikos und unnahbar, unter der rauen Schale steckt jedoch in Wirklichkeit ein sehr verletzlicher, sanfter Kern.

Frau, 32, Angestellte

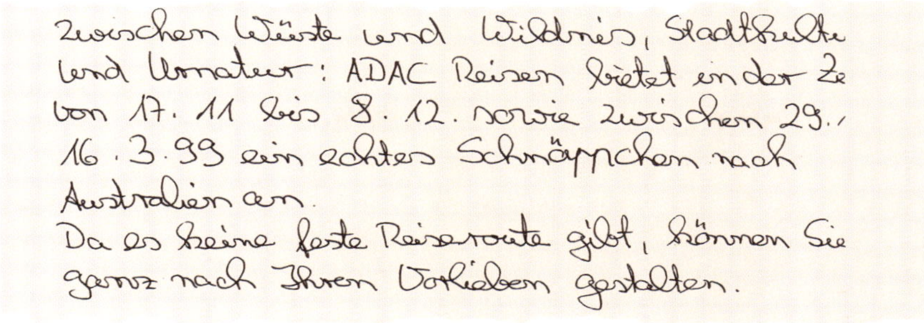

Wichtigste Merkmale: Langsamkeit, Unregelmäßigkeit, genau gesetzte i-Punkte, nach links abgeknickte, große Oberschleifen, überwiegend linksschräge Schrift, Verbundenheit, Arkaden

Langsamkeit, genau gesetzte i-Punkte, Verbundenheit, Arkaden sowie nach links abgeknickte Oberschleifen und eine eher linksschräge Schrift zeigen eine Person, die sehr gründlich und traditionsbewusst ist und stark in der Vergangenheit lebt. Arkaden rahmen immer ein Tor ein, durch das ein anderer gehen muss.

Auszug aus dem Gutachten

Die Linksschräglage der Schrift weist auf eine starke Vergangenheitsorientierung hin, die auf unbewältigte Erlebnisse aus der Kindheit oder Jugend hindeutet. Die Langsamkeit zeugt von einer eher traditionsbewussten Haltung, Gründlichkeit, aber auch mangelnder Vitalität und Ängstlichkeit. Die Arkaden verraten eine Abschottung gegen äußere Einflüsse: Sie ist nicht bereit, ihr Inneres zu öffnen. Sie ist eher misstrauisch und innerlich zerrissen. Ihre psychische Labilität zeigt sich in den nach links abgeknickten, übergroßen Oberschleifen. Sie ist sehr zurückhaltend und gehemmt, die Introversion deutlich erkennbar an der linksschrägen Schrift, den Arkaden und der Langsamkeit.

Nach einem Gespräch mit der jungen Frau stellte sich heraus, dass sie nach außen zwar freundlich und auf den ersten Blick offen wirkt, sich aber wie eine Auster verschloss, sobald das Gespräch etwas privater wurde, d.h. bestimmte Auffälligkeiten aus dem Gutachten besprochen wurden. Sie fühlte sich nach dem Gutachten »als gläserner Mensch« und brauchte mehrere Wochen, bis sie die hier nur in wenigen Auszügen wiedergegebenen Deutungshinweise »verdaut« hatte. Mittlerweile ist sie dabei, ihre Vergangenheit aufzuarbeiten und lockerer zu werden.

Drei kurze Schriftauszüge

Schrift einer alkohol- und tablettenabhängigen Frau, 50 Jahre alt:

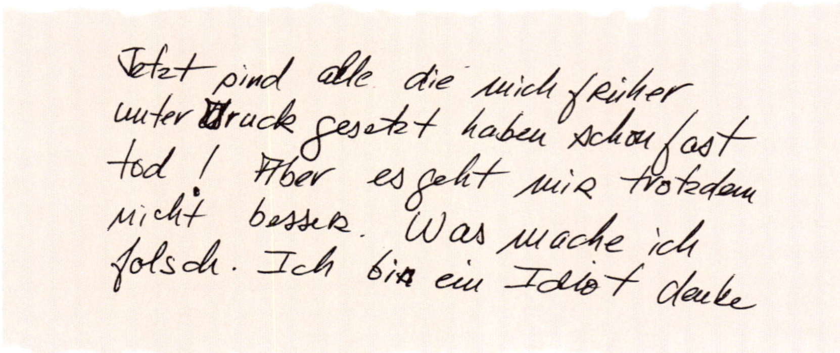

Häufig ist es für einen Graphologen notwendig, ein Gutachten mit einem Klienten/einer Klientin zu besprechen, um etwaige Unklarheiten zu beseitigen und Hilfestellung zu leisten, wenn diese Hilfe gewünscht wird.

Schrift einer Frau mit Parkinson-Syndrom, 56 Jahre alt:

Drei Schriftbeispiele einer Frau, geschrieben (1) im Alter von 20 Jahren, (2) im Alter von 25 Jahren, (3) im Alter von 47 Jahren (bitte vor allem die Unterschrift beachten):

①

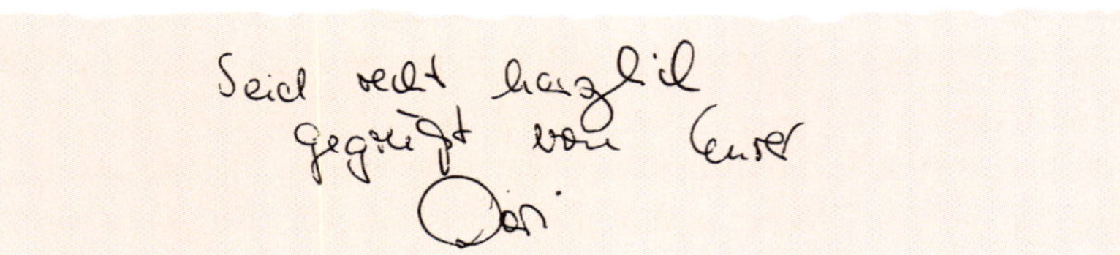

In diesen drei Schriftbeispielen, die einen Zeitraum von 27 Jahren umfassen, zeigt sich sehr deutlich der allmähliche Wandel von einer selbstbewussten, erlebnishungrigen jungen Frau mit einer runden, vollen Schrift hin zu einer desillusionierten Mitvierzigerin, deren Lebens- und Erlebnishunger sich auf ein Minimum reduziert hat. Sie leidet seit län-

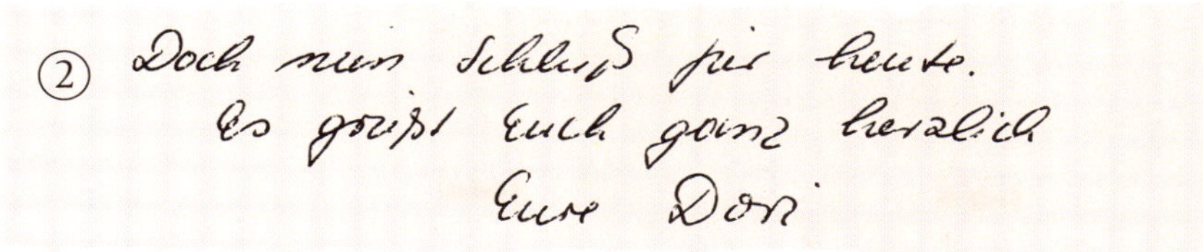

gerem unter Depressionen und Phobien, ständigen Migräneattacken, hat drei sehr enttäuschende Beziehungen hinter sich und ihre einstige Vitalität und der jugendliche Elan sind geschwunden. Sie lebt in einer völlig isolierten Welt, aus der sie zwar gerne ausbrechen würde, doch ihr psy-

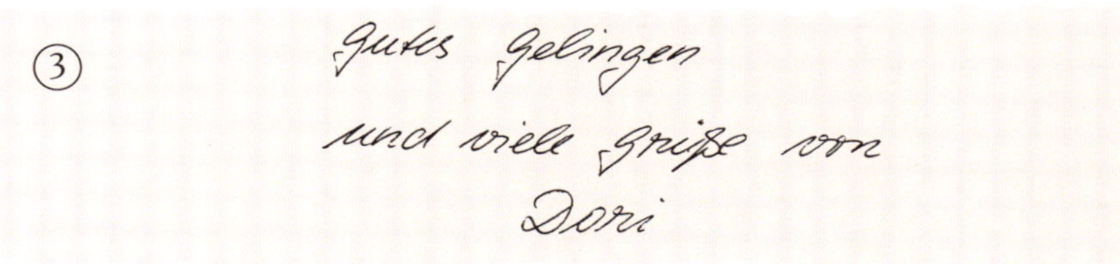

chischer Zustand erlaubt diesen Ausbruch nicht. Sie ist entscheidungsunfreudig, labil, unausgeglichen und leidet unter starken Minderwertigkeitskomplexen. Zwar deutet die Rechtslage (3) auf eine Hinwendung zum Du hin, doch die Formstarre lässt erkennen, dass diese Hinwendung nur bedingt gelingt.

In der Lebensphase zwischen 18 und 36 Jahren finden bei den meisten Menschen große persöhnliche Veränderungen statt. In diese Phase fällt auch die Prägung einer individuellen Schreibweise.

Hier endet die Einführung in die Graphologie. Natürlich können in diesem Buch nicht alle Details besprochen werden, man kann nur die Grundzüge darstellen. Da die Deutungsmöglichkeiten derart groß sind, und keine Schrift völlig identisch mit einer anderen ist (genau wie beim Fingerabdruck), ist es verständlicherweise nicht möglich, alles aufzuführen, was die Wissenschaft beinhaltet. Ein vollständiges Buch über Graphologie mit allen Deutungshinweisen würde sicher weit über 1000 Seiten beanspruchen. Dennoch wünsche ich jedem Leser beim Lesen viel Freude. Und vor allem: Wenn Sie eine Schrift sehen und sie deuten möchten, so gehen Sie erst intuitiv und dann mit dem Kopf ans Werk, und Sie werden sehen, es gelingt.

Impressum
© 2000 W. Ludwig Buchverlag, München, in der Econ Ullstein List Verlag GmbH & Co. KG, München

Redaktion:
Sibylle Möhring

Projektleitung:
Berit Hoffmann, Christine Seidel

Redaktionsleitung:
Dr. Reinhard Pietsch

Bildredaktion:
Gabriele Feld

Umschlag:
Till Eiden

DTP:
Wolfgang Lehner, München

Produktion:
Manfred Metzger (Leitung), Annette Aatz, Dr. Erika Weigele-Ismael

Druck:
Weber Offset, München

Bindung:
R. Oldenbourg, München

Gedruckt auf chlor- und säurearmem Papier

Printed in Germany

ISBN 3-7787-3912-3

Über den Autor

Andreas Franz arbeitete als Wirtschaftsdolmetscher, bevor er 1990 als selbstständiger Graphologe und Romanautor tätig wurde. Er erstellt graphologische Gutachten für zahlreiche Unternehmen und für Privatpersonen.

Hinweis

Das vorliegende Buch ist sorgfältig erarbeitet worden. Dennoch erfolgen alle Angaben ohne Gewähr. Weder Autor noch Verlag können für eventuelle Schäden, die aus den im Buch gemachten Hinweisen resultieren, eine Haftung übernehmen.

Literaturverzeichnis

M. Bernard: Graphologie - eine Einführung mit 800 Schriftbeispielen. Sinus Medienverlag Basel 1990
A. Lüke: Du bist, wie Du schreibst. Genf 1984
A. Lüke: Das große Handbuch der Graphologie. Ariston/Hugendubel 1998
A. Lüke: Die menschliche Vielfalt in der Handschrift. Dortmund 1982
Dr. A. Lang/A. Lüke: Unterschriften - graphologisch gedeutet.
R. Heiss: Die Deutung der Handschrift. Hamburg 1966
L. Klages: Handschrift und Charakter. Bouvier, Bonn 1998
L. Klages: Graphologie. Bouvier, Bd. I 1968, Bd. II, Leipzig 1986
H. Knobloch: Deine Schrift, Dein Charakter. München
H. Pfanne: Lehrbuch der Graphologie. Berlin 1961
H. Reis: Deine Handschrift - dein Charakter. Bad Homburg 1954
R. Wieser: Der Verbrecher und seine Handschrift. München 1952
R. Wieser: Mensch und Leistung in der Handschrift. München 1960

Bildnachweis

Gettyone Stone, München: 9 (Stuard McClymont), 26 (Hugh Sitton), 32 (John Lawlor), 41 (Michael Rosenfeld), 49 (Duncan McNicol), 77 (Paul Chesley); Image Bank, München: Vorsatz (Malcom Press), 15 (Steve Dunwell), 20 (Jean Mahaux), 46, 63 (David de Lossy), 55 (Alan Danaher), 68 (Joseph van Os); Sperl Siegfried, München: Titel

This Indenture